W0089361

Jacob Alberts,
Halligstube, 1894.
(Privatbesitz)

Kai Detlev Sievers

Ländliche Wohnkultur
in Schleswig-Holstein

17.–20. Jahrhundert

Verlag Boyens & Co.

MEINER GEDULDIGEN FRAU HANNELORE

Umschlagbild: Pesel aus Borgsum auf Föhr. Museumsberg Flensburg

ISBN 3-8042-1002-3

© Westholsteinische Verlagsanstalt Boyens GmbH & Co. KG., Heide, 2001
Alle Rechte, auch die des auszugsweisen oder fotomechanischen Nachdrucks, vorbehalten
Druck: Boyens Offset, Heide
Printed in Germany

Inhaltsverzeichnis

Einführung

Eine Darstellung alter Stuben in schleswig-holsteinischen Bauernhäusern zu geben, ist deshalb besonders reizvoll, weil sie Zeugnis ablegen von einer vergangenen ländlichen Wohnkultur, die seit dem 17. Jahrhundert ein beachtliches Niveau erreichte und bis in das 20. Jahrhundert hinein Geltung besaß. Dabei entwickelte sich eine Vielfalt von Gestaltungsformen mit regionalen Unterschieden, die regelrechte Stubenlandschaften erkennen lassen. Aber es gab auch gemeinsame Grundzüge, in denen sich die strenge Funktionalität bäuerlichen Wohnens widerspiegelt.

Stuben im Bauernhaus waren die Wohn- und Festräume der dörflichen Vollbürger, die als Träger der Bauernschaften über die Nutzung der Dorfländereien bestimmten. In Holstein und Lauenburg hießen sie Hufner, im Landesteil Schleswig Hufner, Bohlsleute und Stavenbesitzer, ob sie nun den Status eines Eigentümers oder Pächters von Bauernstellen besaßen oder bis zur Bauernbefreiung 1805 als Leibeigene auf adeligen Gütern lebten. Wie es in den Wohnungen der Kätner (Kleinbauern) ausgesehen hat, läßt sich oft weniger eindeutig sagen. Doch wissen wir, daß sie sich dem bäuerlichen Vorbild in ihrer Einrichtung nach Möglichkeit anzupassen suchten. Daß die Ausstattungen der Instenhäuser (Landarbeiterhäuser) weitaus dürftiger ausfielen, liegt auf der Hand.

Alte Stuben bäuerlicher Herkunft befinden sich hierzulande heute kaum noch an ihrem ursprünglichen Ort. Vielmehr sind sie größtenteils in die Museen, vor allem nach Altona, Schleswig, Flensburg und ins Schleswig-Holsteinische Freilichtmuseum bei Kiel überführt worden und werden dort in Anlehnung an die genrehafte „Volkslebenmalerei" als museale Objekte präsentiert. Solche Ideen gehen bis in die Zeit Ludwig XIV. zurück, als im Park des Petit Trianon von Versailles erstmals bäuerliche Hausanlagen rekonstruiert wurden, um ein idealisiertes Landleben vorzuführen. Seit der Mitte des 19. Jahrhunderts spielte die bäuerliche Sachkultur auf den Weltausstellungen eine wichtige Rolle. Sie diente einerseits der nationalen Selbstdarstellung und Identitätsfindung im wachsenden wirtschaftlichen Konkurrenzkampf der Nationen und war andererseits Ausdruck für romantisch-verklärte Sehnsüchte nach einer traditionellen Welt, die scheinbar intakt gewesen war und für Lebensqualität und menschliche Wärme stand (WÖRNER 1999). Solche Vorstellungen fanden nicht von ungefähr auch Eingang in die seit 1851 veranstalteten Weltausstellungen. Ging es bei diesen zunächst um die konkurrierende Schau industriell gefertigter Produkte, so waren die beteiligten Staaten doch bald darum bemüht, einen kulturellen Leistungswettbewerb vorzuführen und ihre unverwechselbare, historisch gewachsene, in ihren ästhetischen Werten gleichwohl zeitlos erscheinende nationale Volkskultur darzustellen. In diesem Sinne wurden auf der Pariser Weltausstellung von 1867 erstmals komplette Bauernhäuser als ethnische und nationale Symbole (STOKLUND 1999) vorgeführt. Es war dann der Schwede Arthur Hazelius, der auf der Pariser Weltausstellung 1878 im Trocaderopalast schaukastenartige Stubeninterieurs bäuerlicher Herkunft mit Figurengruppen zeigte, die er bereits in Stockholm für sein „Nordisches ethnographisches und kulturhistorisches Museum" entwickelt hatte. Sie waren die ersten tableauartigen Raumeinrichtungen, wie sie danach in

Blick aus dem Pesel von Odderade in Süderdithmarschen.
(Gustav Brandt, Wohnräume und Dielen aus Alt-Schleswig-Holstein und Lübeck, 1918)

vielen europäischen Museen Eingang fanden und noch heute zu sehen sind.

Im Gehäuse eines Museumsgebäudes unterliegen die Stubeneinrichtungen allerdings dem Zwang anderer Raumorganisation und vermögen den ursprünglichen Eindruck oft nicht mehr vollständig wiederzugeben. Auch werden Gegenstände zusammengestellt und in einen vermeintlichen Zusammenhang gebracht, den sie im historischen Kontext so nicht immer besaßen. Denn wir wissen häufig nicht, inwieweit Mobiliar und Gerät, wie wir es heute in den Ausstellungen sehen, ursprünglich tatsächlich zur Stubenausstattung gehörten oder später erst mangels Überlieferung in die Räume hineingestellt wurden, um die Wohnsituation annähernd angemessen zu veranschaulichen. Insofern ist die Frage berechtigt, ob es Museen überhaupt gelingt, die zentrale Bedeutung der Wohnräume innerhalb des bäuerlichen Hauswesens und seines in der Regel sparsamen Inventars authentisch wiederzugeben oder ob nicht vielmehr eine unüberwindbare Diskrepanz zwischen Realität und präparierter Wohnidylle entsteht (SCHLICHTING 1985). Demgegenüber kann man jedoch geltend machen, daß die Herauslösung der Stuben aus ihren originären Zusammenhängen und ihre wie auch immer gelungene Einrichtung dem Betrachter Perspektiven ermöglichen, die ihm neue, wesentliche Erkenntnisse eröffnen: Das Vertraute wird so verfremdet und in der Vielfalt seiner Bedeutungen sichtbar gemacht. Der tiefere Sinn hinter den Erscheinungen tritt hervor. Man empfindet plötzlich, wieviel Sicherheit und Geborgenheit ein in sich geschlossener Raum mit seinen überlieferten Möbeln und Geräten den Bewohnern zu geben vermochte und daß er die Voraussetzung dafür war, den oft mühevollen Alltag zu bewältigen.

Ein wenig anders stellt sich die Situation in Freilichtmuseen dar. Auch sie lassen sich auf Hazelius zurückführen, der in Skansen bei Stockholm 1891 die erste Sammlung dieser Art der Öffentlichkeit zugänglich machte. Seitdem sind in aller Welt zahlreiche Sammlungen ländlicher Architektur entstanden. Ihr Charakteristikum besteht darin, daß die Häuser in ihrer Einheit erhalten geblieben sind und sich die Stuben deshalb noch an ihrem ursprünglichen Ort befinden. Doch eine Verfremdung hat trotzdem stattgefunden. Denn die Gebäude wurden von ihren ursprünglichen Standorten weg in eine fremde Umgebung transloziert, und an die Stelle der überschaubaren Hausgemeinschaft traten Scharen von durchflutenden Besuchern. Auch umfassen Freilichtmuseen eine Vielzahl unterschiedlicher, oft in unmittelbarer Nachbarschaft befindlicher Haustypen mit andersartigen Raumanordnungen. Aber in dieser Situation liegt gleichzeitig die Chance, durch Vergleich die verschiedenen Ensembles von Möbeln und Geräten – auch wenn sie oft nicht authentischen Ursprungs sind – ihrem Eigensinn nach wie ihrer Zuordnung zur Gesamterscheinung des Hauses wahrzunehmen. Daß sich der einstige Lebensvollzug in solchen Räumen nicht mehr rekonstruieren läßt, weil es die früheren Bewohner mit Gerüchen, Schmutz, Ordnung oder Unordnung nicht mehr gibt, ist ein nicht zu behebendes Manko, das sich nur durch erklärende Texte und mündliche Erläuterungen reduzieren läßt.

In heute bewohnten alten Bauernhäusern finden sich nur noch gelegentlich einzelne überlieferte Möbelstücke, in seltenen Fällen Reste alter Wandtäfelungen. Die Anforderungen unserer Zeit verlangten bauliche Umgestaltungen und moderne Einrichtungen. Dabei ging die einstige Geschlossenheit des bäuerlichen Wohnraums mit seinen durch Generationen entwickelten festgelegten Funktionen verloren. Möbel und Geräte aus Bauernstuben gelangten häufig über den Antiquitätenhandel in städtische Haushalte und erhielten dort als Kostbarkeiten einen hervorragenden Platz, meist sichtbar vom übrigen Mobiliar isoliert und verfremdet. Oft sind das Wissen um ihren einstigen Stellenwert und ihre frühere Funktion verloren gegangen, und mit der Anpassung an veränderte Lebensansprüche entstanden neue Nutzungsbedürfnisse.

Der vorliegende Band bemüht sich darum, etwas von der Wirklichkeit der bäuerlichen Wohnkultur Schleswig-Holsteins vom 17. bis

19. Jahrhundert sichtbar zu machen. Sie tritt heute noch am wirkungsvollsten in den großen Museen des Landes in Erscheinung. In Altona, Kiel (heute Stiftung Schleswig-Holsteinische Landesmuseen Schloß Gottorf in Schleswig) und Flensburg wurden schon Ende des 19. Jahrhunderts bäuerliche Stubenensembles in größerem Umfang in die Sammlung übernommen. Weitere befinden sich im Dithmarscher Landesmuseum Meldorf, in dem zum Nordfriesischen Museum Husum gehörigen Ostenfelder Haus, im Hamburger Museum für Kunst und Gewerbe, im Germanischen Nationalmuseum in Nürnberg, im Dänischen Nationalmuseum in Kopenhagen und im Dänischen Freilichtmuseum in Lyngby bei Kopenhagen. Das Schleswig-Holsteinische Freilichtmuseum in Molfsee bei Kiel hat seit 1965 diese Aufgabe im umfassenden Sinn fortgeführt. Doch fällt auf, daß nicht alle Landschaften mit Stuben vertreten sind. Dafür gibt es unterschiedliche Gründe. Zum einen wollten Kunstgewerbemuseen wie das in Flensburg das Kunsthandwerk durch möglichst anschauliche Exemplare die sog. Volkskunst neu beleben, und auch kulturhistorische Museen ließen sich bei der Auswahl ihrer Sammlungsobjekte von ästhetischen Gesichtspunkten leiten. Je prächtiger bäuerliche Stuben ausgestattet waren, desto eher fanden sie den Beifall musealer Sammler. Bescheidene Interieurs blieben dagegen unbeachtet. Das mag der Grund dafür sein, daß z. B. die Ämter Bordesholm und Rendsburg in dieser Hinsicht erst spät Beachtung fanden. Es gab aber auch andere Gründe. So ist unübersehbar, daß die Landschaften Eiderstedt, Angeln, und die Insel Fehmarn mit originären bäuerlichen Stubeneinrichtungen in Museen wenig vertreten sind, obgleich es sie dort durchaus in stattlichen Ausführungen gegeben hat. Hier dürften es vor allem die agrarwirtschaftlichen Konjunkturen des 19. Jahrhunderts gewesen sein, die zur raschen Modernisierung der Wohnungen führten und nur noch einzelne Möbelstücke aus alter Zeit übrig ließen. Wie es in den Dörfern der ostholsteinischen Gutswirtschaft aussah, darüber wissen wir wenig. Mit der Einrichtung von Erbpachtstellen, selten vor, meist nach der Aufhebung der Leibeigenschaft 1805, dürften sich die Ansprüche an die Wohnkultur gehoben haben. Karl-Sigismund Kramer (1976) spricht jedoch für die Zeit bis Mitte des 19. Jahrhunderts von einem „recht einfachen Hauswesen". Offenbar fehlten den Bauern schlicht die Mittel für eine kostspieligere Ausstattung ihrer Wohnräume.

Daß Künstler im ausgehenden 19. Jahrhundert vor allem Innenräume in Nordfriesland gemalt haben, hängt sicher mit dem besonderen Reiz zusammen, den die altüberlieferte bäuerliche Kultur dieser Landschaft in einer Zeit sozialer und wirtschaftlicher Umbrüche auf sie ausübte. Die oft minutiös dargestellten Interieurs stellen trotz mancher idealisierten Sichtweise eine weitere unverzichtbare Quelle für die Rekonstruktion von Wohnkultur in schleswig-holsteinischen Bauernhäusern dar.

In den einführenden Kapiteln wird auf Entwicklung, Struktur und Funktion der bäuerlichen Wohnkultur, den Umgang mit ihren Gegenständen, auf ihre Einbindung in die agrarhistorischen Zusammenhänge, auf den in den meisten Landschaften Schleswig-Holsteins vorhandenen Dualismus von Pesel oder anders benannten Festräumen und Döns und auf die wichtigsten beweglichen und unbeweglichen Einrichtungsgegenstände eingegangen. Im Hauptteil kann sich der Leser anhand von Text und kommentierten Abbildungen über die Vielfalt landschaftstypischer Stubeninterieurs informieren. Den Illustrationen vorangestellt werden jeweils Gebäudetyp und Grundriß, um den Wohnbereich im Haus zu verorten. Die meisten Grundrißzeichnungen sind dem Werk von J. J. H. Lütgens „Kurzgefaßte Charakteristik der Bauernwirthschaften in den Herzogthümern Schleswig und Holstein" aus dem Jahr 1847 entnommen, das zwar keine maßstabgerechten Angaben enthält, aber das frühe Interesse an der Hausforschung in Schleswig-Holstein dokumentiert. Die regionalen Angaben entsprechen den Verwaltungseinheiten, wie sie in den Herzogtümern bis zur Eingliederung in Preußen 1867 bestanden.

Es erscheint sinnvoll, über die einschlägigen Quellen und die Forschungsliteratur einen kurzen kommentierenden Überblick zu bieten, den es in dieser Weise bisher nicht gibt.

Für die kritische Durchsicht des Textes bin ich Herrn Dr. Nils Hansen freundlichst verbunden. Er gab mir auch manche wertvolle inhaltliche Anregung.

Für die bereitwillige Hergabe von Bildmaterial danke ich dem Landesamt für Denkmalpflege Schleswig-Holstein, dem Altonaer Museum in Hamburg, dem Museumsberg Flensburg, der Schleswig-Holsteinischen Landesbibliothek, dem Dithmarscher Landesmuseum in Meldorf, Herrn Dieter Schmidt-Sommerfeld, der mit Genehmigung des Schleswig-Holsteinischen Freilichtmuseums in Molfsee Innenaufnahmen anfertigte, der Stiftung Schleswig-Holsteinische Landesmuseen Schloß Gottorf, Volkskundliche Abteilung, der Stiftung Nordfriesland in Husum und dem Nordfriesischen Museum in Husum. Besonders hilfreich bei der Auswahl der Bildvorlagen war Frau Dr. Dorothee Bieske vom Museumsberg Flensburg.

Bäuerliche Wohnkultur als Spiegelbild vergangener Lebenswelten

Das Haus als frühes Zeugnis menschlicher Kulturleistung diente zunächst dem Schutz gegen die Weite und dem menschlichen Verstand nur schwer begreifbare und bedrohlich erscheinende Unendlichkeit der Natur mit allen ihren Gefahren und Zufälligkeiten. Hier fand er Möglichkeiten, seinen Körper durch Nahrungsaufnahme, Schlaf und Entspannung sowie Hygiene zu pflegen, sein Gefühlsleben zu befriedigen und soziale Beziehungen von dauerhafter Art zu den Mitbewohnern aufzubauen. Im Haus hatte der Mensch Gelegenheit, seine Mahlzeiten vorzubereiten und einzunehmen, sich auszuruhen und zu schlafen, Feste zu feiern, aber auch hauswirtschaftliche und landwirtschaftliche Arbeiten durchzuführen.

Erst allmählich bildete sich im Haus ein Wohnabteil heraus, das den steigenden kulturellen Bedürfnissen Rechnung trug. Form und Ausstattung blieben jedoch noch lange von den landschaftlichen Gegebenheiten wie Klima und Bodenbeschaffenheit abhängig. In diesem vorgegebenen Rahmen umgaben sich die Hausbewohner sowohl mit Dingen des alltäglichen Lebens als auch mit solchen, die eine herausgehobene Bedeutung besaßen. Diese Gegenstände waren jedoch nicht nur materialisierte Ergebnisse menschlichen Schaffens, sondern Zeugnisse kultureller Besonderheit, die nach Gebrauch, Nutzung und Eigenart ihre eigene Geschichte besaßen und mit menschlichen Schicksalen verknüpft waren. Schränke und Truhen, Betten und Tische, Stühle und Bänke, Spiegel, Bilder und Uhren gewannen so ihre Individualität und Faszination. Es entstanden Mensch-Ding-Beziehungen, die uns auch heute noch im alltäglichen Umgang mit Sachen vertraut sind. Dinge be-

saßen ihre eigene Lebensgeschichte, die viel länger dauerte als wir sie ihnen in unserer gegenwärtigen Wegwerfgesellschaft zugestehen. Sie wurden nicht nur pfleglicher behandelt, weil sie einen großen materiellen Wert darstellten und daher zu den Erbstücken zählten, sondern nach Möglichkeit so lange genutzt, wie es das Material hergab. Wenn eine in der Stube aufgestellte Truhe im Laufe der Zeit verschlissen war, ihre Wände durch Bodenfeuchtigkeit gelitten hatten, dann konnte sie auf der Diele immer noch als Behältnis für mancherlei Dinge dienen, und man zerschlug und verheizte sie nicht ohne Not. Dinge besaßen ihren Charakter, ihre Lebensdauer, und man verschwendete sie nicht unnötigerweise.

Die Ausstattung einer bäuerlichen Stube wies aber auch auf die gesellschaftliche Stellung ihrer Bewohner hin. Mit ihr zeigte man, wer man war. Sie demonstrierte die ständische Zugehörigkeit und gab der bäuerlich-ländlichen Welt einen Eigensinn, dessen Zeichenhaftigkeit wir heute oft nicht mehr erkennen. Wuchtige Schränke zeugten nicht nur vom Reichtum ihrer Besitzer. Sie waren auch der zur Schau gestellte Anspruch auf eine bestimmte gesellschaftliche Position in der dörflichen Hierarchie.

Nun wäre es verfehlt anzunehmen, Bauernstuben und ihr Inventar seien durch Generationen unverändert und unverrückbar geblieben. Schon durch die Einheirat der Frauen kamen neue Möbelstücke als Hochzeitsgut in die Familie, wie umgekehrt Töchter bei ihrer Eheschließung ihre Mitgift in den Hausstand einbrachten, in den sie eintraten. Was dazu gehörte, war unterschiedlich. Eine Nordstrander Verordnung von 1622 legt z. B. fest, daß nur „Brautkasten oder Schappe", d. h. Kasten-

dürfnissen bestimmt werden, die prinzipiell von jedem Menschen in jeder Situation und zu jedem Zeitpunkt anders definiert werden können. Sie richten sich dabei nach den durch kulturelle Muster, Normen und Wertvorstellungen bedingten wirtschaftlichen, sozialen, kulturellen und emotionalen Interessen. Die Stubeneinrichtungen eines vermögenden Hufners unterschieden sich von denen eines armseligen Insten grundlegend nach materiellem Wert, Anzahl und Beschaffenheit der Möbel und Umgang mit ihnen. In jedem Fall war es nicht nur der Mensch, der

Abb. 1: Ein Kleiderschrank mit der Darstellung der vier Jahreszeiten wie der aus dem Christian-Albrechts-Koog in Nordfriesland, 1763, verdeutlichte die soziale Stellung seines Besitzers.
(Schleswig-Holsteinisches Freilichtmuseum)

Abb. 2: Am Eckschrank, in Dithmarschen „Hörnschapp" genannt, hier von 1699, saß der Hausherr.
(Ernst Schlee, Schleswig-Holsteinische Volkskunst, 1964)

möbel, dazu zählten, die ohne Schnitzwerk waren. Tische oder Stühle waren nicht vorgesehen. Schließlich darf nicht vergessen werden, daß auch modische Einflüsse von Bedeutung für die Ausstattung des bäuerlichen Haushalts wurden. So lassen sich beim steifen Rahmenwerk der Eiderstedter Lehnstühle englische Einwirkungen nachweisen, wie auch auf den nordfriesischen Inseln englischer Geschmack, vermittelt durch überseeische Kontakte, in den Stuhlformen spürbar wird. Die ältere volkskundliche Forschung hat zu einseitig die Traditionsgebundenheit und Kontinuität der bäuerlichen Wohnweise betont. Neuere Untersuchungen gehen davon aus, daß Bedeutung und Funktion der Gegenstände von menschlichen Besich seine Wohnwelt gestaltete, sondern diese wirkte ebenso auf ihn in vielfältiger Weise zurück. Das galt insbesondere dann, wenn eine traditionalistische Lebenshaltung konservierend den Umgang mit den Gegenständen bestimmte und emotionale Bindungen schuf.

Von Anfang an konnte die Funktion der bäuerlichen Stube nur dann erfüllt werden, wenn das Leben darin festen Ordnungen unterworfen wurde. Gemeint ist jene eigengesetzliche Welt des Hauses, wie sie wenigstens bis in die Mitte des 19. Jahrhunderts auf dem Lande noch weitgehend bestand. Der Kulturhistoriker und Sozialpolitiker Wilhelm Heinrich Riehl sah 1855 mit Bedauern, wie sich der Typ des Ganzen Hauses auflöste, jene zentral geleitete, patriarchalisch-autoritär geführte Hausgemeinschaft, in der jedem Bewohner im Haus sein Platz zugewiesen wurde. Dieser bäuerlichen Sozialordnung entsprechend vollzog sich das Wohnen in der Stube in vorgeschriebenen Bahnen. Deshalb beruhte die Aufstellung des gesamten festen und auch beweglichen Inventars in den alten Bauernstuben auch nicht auf irgendwelchen Zufälligkeiten, sondern war das Ergebnis einer im Laufe einer langen Entwicklung als zweckmäßig erkannten Wohnform und vor allem einer eigenen sozialen Ordnung. So ist es auch nicht von ungefähr, daß in den bäuerlichen Stuben Schleswig-Holsteins die Raummitte als zentraler Ort dadurch hervorgehoben wurde, daß sie eine freie Zone blieb, in der sich keine Möbel befanden und also auch niemand „wohnte". Statt dessen waren Einrichtungsgegenstände wie Bank, Schrank und Bett zunächst wandfest. Auch der sich als sekundäre Erscheinungsform mit der Zeit herausbildende bewegliche Stuhl blieb noch lange an die Wand gebunden.

Der genau festgelegten Anordnung der einzelnen Möbel entsprach die Rangordnung, der sich die Bewohner des Hauses im Wohnraum zu fügen hatten. Das wurde in der täglichen Tischordnung am deutlichsten. Orientierungspunkt war ursprünglich der Platz des Hausvaters am Herdfeuer. Mit Einführung der Stube im niederdeutschen Hallenhaus seit

dem 15. Jahrhundert versammelte sich die Hausgemeinschaft in ihr am gemeinsamen großen Tisch. Nun saß das Oberhaupt der Familie meist an der Stirnseite des Tisches, unmittelbar neben oder vor dem Gelaß (Eckschrank oder Wandschrank), in dem die Wertsachen und Dokumente des Hauses verwahrt wurden. Landschaftlich verschieden war die Sitzfolge der übrigen Hausbewohner. Die Trennung der Geschlechter läßt sich jedoch durchweg feststellen. So nahmen im Amt Steinhorst in den 1860er Jahren auf der Bankseite vom Hausherrn am Tischende aus gesehen der Altenteiler, die Söhne und Knechte, Jungen und Knaben Platz und auf der gegenüber liegenden Seite die Hausfrau, die Großmutter, Töchter, Mägde und Kleinmädchen. Daß die Frauen bei Tisch standen,

Abb. 3: In der Süderdithmarscher Siddelsch hatte der Vater nach der Tischordnung seinen Platz am Kopfende, die Hausfrau auf der Bank zur Tür hin. Die übrigen Familienmitglieder saßen der Reihe nach entsprechend ihrem Alter.
(Bernhard Winter, Familie beim Essen im Siddelsch. Illustration zur Jubiläumsausgabe von Gustaf Frenssens „Jörn Uhl", 1913)

13

Abb. 4: Seitdem das Gesinde nicht mehr am Tisch der Hausgemeinschaft saß, mußte es mit einem eigenen Raum vorlieb nehmen.
(Bernhard Winter, In der Leutekammer. Illustration zur Jubiläumsausgabe von Gustaf Frenssens „Jörn Uhl", 1913)

um auf- und abzudecken, hat es freilich auch gegeben.

Geschlecht, Alter, Würde, Zugehörigkeit zur Familie, Dienstalter und Funktionen im Hofwesen bestimmten also die Rangordnung bei Tisch. Die Sitzordnung konnte in ihrer Wertigkeit noch differenzierter ausfallen, wenn der Großknecht dem Bauern gegenüber am anderen Tischende saß. Es wäre undenkbar gewesen, daß jemand gegen die soziale Stufung bei Tisch verstoßen hätte. Sie war zugleich fester Halt für das Gemeinwesen und den einzelnen, der sich auf diese Weise einzuordnen wußte, und gab dem jungen Menschen eine Anschauung von Ordnungen, wie sie damals überall in der Welt in irgendeiner Form bestanden.

Daß dies noch in den 1890er Jahren galt, bestätigen die Lebenserinnerungen eines Angeliter Schneidersohnes aus Weseby:

„Betraten die Besucher ... die Stube des Gastgebers, so fiel gleich auf, wie die Mitte der Stube freigehalten war, die wenigen Möbel befanden sich rundherum an der Wand. Überall herrschte räumliche Klarheit und strenge Ordnung, eine Übersichtlichkeit, die ... nicht nur wohltuend wirkte, sondern auch einem Kleinkind, dem die Stube die Welt bedeutete, erst wirklich die Orientierung ermöglichte. Strenge Zonen wurden in den einzelnen Räumen unterschieden, die ihre besondere Bedeutung hatten: hier hatten die Frauen, dort die Männer, dort wieder die Kinder ihr Reich, der Gast wurde zu seiner Ehre in die Tiefe des Raumes genötigt. Äußere Formen waren Ausdruck einer bestimmten inneren Haltung. Auch auf die Tischordnung wurde strenge gesehen, nicht nur bei Besuchen oder Festlichkeiten, wie etwa Hochzeiten oder Familienzusammenkünften[1]."

Seit den vierziger Jahren des 19. Jahrhunderts machten sich jedoch Auflösungserscheinungen bemerkbar. Sie gingen offenbar von den Regionen aus, in denen das niederdeutsche Hallenhaus vorherrschte. In einer Erhebung, die in der „Festgabe für die Mitglieder der eilften Versammlung Deutscher Land- und Forstwirthe" in Kiel 1847 erschien, heißt es, daß das Gesinde um diese Zeit bereits im Schleswigschen auf den Nordseeinseln Pellworm und Nordstrand, in Angeln und auf Fehmarn ausgegliedert war und an einem eigenen Tisch aß. Im Holsteinischen war das vor allem in der Probstei, im Amt Ahrensbök, in der Herrschaft Pinneberg, in der Grafschaft Rantzau, im Kloster Uetersen und zum Teil in Süderdithmarschen der Fall. In den Lübschen Pachtdörfern herrschten nur noch bei den Pachtbauern die alten Verhältnisse.

*Abb. 5: In manchen
bäuerlichen Wohn-
stuben fand schon im
ersten Drittel des
19. Jahrhunderts ein
Ensemble von Sofa,
Tisch und Stühlen
im Biedermeierstil
Eingang*
(Foto Dieter Schmidt-Som-
merfeld. Schleswig-Holsteinisches Freilichtmuseum)

*Abb. 6: Auf dem Bild
„Abendkost" von
Carl Schildt, 1894,
scheint eine strenge
Tischordnung nicht
mehr zu bestehen.*
(Carl Schildt, Holsteini-
sches Bauernleben, 1894.
Schleswig-Holsteinische
Landesbibliothek)

15

Seit der Mitte des 19. Jahrhunderts zerfiel die Sitzfolge als „Werteordnung" (SCHLEE 1976) immer mehr, und die Stube wurde zunehmend zu einem auf die bäuerliche Familie beschränkten Raum. Die Dienstboten zogen sich in Gesindekammern, ähnlich den Leutestuben auf den Gütern, zurück. Damit entstand eine gesellschaftliche Entfremdung, die es so zuvor nicht gegeben hatte.

Die Auflösung der Tischgemeinschaft signalisierte den Beginn einer neuen Zeit. Sie offenbarte sich aber nicht nur darin, daß sich die bäuerliche Familie in einem privaten Raum von den übrigen Hausbewohnern distanzierte, sondern ebenso am wachsenden Interesse, das man an der bürgerlichen Wohnausstattung gewann. Theodor Mügge berichtete 1846 in seinen „Streifzügen in Schleswig-Holstein und im Norden der Elbe", daß mancher schleswigsche Marschbauer Mahagonimöbel besaß, sich die Wände tapezieren ließ und für seine Töchter ein Klavier kaufte. Namentlich das Sofa könnte zur Veränderung der überkommenen Raumordnung beigetragen haben. In Stapelholm fand sich bereits 1804 im Hause eines Stavenbesitzers ein Sofa. In der Regel breitete sich dieses Möbelstück allerdings erst in den nachfolgenden Jahrzehnten in den schleswig-holsteinischen Bauernhäusern aus. Wo es jedoch zum Leitbild familiär-gesellligen Lebens wurde, veränderten sich die überkommenen Ordnungsvorstellungen, die das Zusammenleben in der Stube bestimmt hatten. Nun saß der Hausherr nicht mehr am Kopfende der Tafel, sondern auf dem Sofa auf der Langseite. Freilich war nicht das Sofa Auslöser einer gewandelten Sitzordnung, sondern eher der sichtbare Ausdruck einer im Umbruch begriffenen Gesellschaft (MANNHEIMS 1997a). Ein zweites Leitfossil für die Modernisierung dürfte der Stuhl nach Anordnung und Anzahl dargestellt haben. Selten wissen wir etwas darüber, ob zum Tisch gleichartige Stühle gehörten. Dagegen gelangten mit der modischen bürgerlichen Wohnausstattung Ensembles von Tisch und meist sechs einheitlichen Stühlen in die bäuerliche Stube und fanden in der Mitte des Raumes Aufstellung. Dadurch verdrängten sie das wandgebundene Tisch-Bank-Stühle-Ensemble.

Von revolutionärer Bedeutung war auch die Einführung der Petroleumlampe um 1860. Sie trat an die Stelle von selbstgezogenen Unschlittkerzen und mit Rüböl gefüllten Trankrüseln (Tranlampen mit Binsendocht) und verbreitete ein helleres, gleichmäßigeres und in der Stärke regulierbares Licht und erleichterte damit abendliche häusliche Arbeiten ebenso wie die zunehmende Zeitungslektüre.

Während sich die bäuerliche Bevölkerung so mehr und mehr an der bürgerlichen Wohnkultur orientierte, entdeckten umgekehrt vermögende Städter den Reiz des ländlichen Hausrats. Reiche Hamburger und Engländer besuchten die nordfriesischen Inseln, wie der Bremer Journalist Johann Georg Kohl 1846 in seinen Reiseberichten mitteilte, und machten sich auf die Jagd nach alten Stühlen, Schränken und Tischen für ihre Garten- und Landhäuser.

Daß sich die Bau- und Raumstrukturen der Bauernhäuser bis zur Mitte des 19. Jahrhunderts schon vielerorts im Land verändert hatten, geht aus der „Kurzgefaßten Charakteristik der Bauernwirthschaften in den Herzogthümern Schleswig und Holstein" hervor, die der Direktor der Rendsburger „Höheren Volksschule", J. J. H. Lütgens 1847 für die in Kiel tagenden Land- und Forstwirte zusammenstellte. Demnach hatte sich bis zu diesem Zeitpunkt die Umgestaltung des Fachhallenhauses im Inneren in Mittel- und Ostholstein, in Norderdithmarschen und im Dänischen Wohld bereits dergestalt vollzogen, daß das hauswirtschaftlich genutzte Flett durch eine Wand von der Däle abgetrennt und zur Vordiele umfunktioniert wurde, von der eine separate Küche abging. Auf Fehmarn und im Oldenburgischen diente das Fachhallenhaus inzwischen allein Wohnzwecken. In Süderdithmarschen, den Ämtern Apenrade und Hadersleben behielt man die überlieferte Raumordnung zwar bei, gestaltete den Wohnraum aber größer und regelmäßiger. An den traditionellen Raumanordnungen hielt man dagegen in den nordfriesischen Uthlanden, den Ämtern Tondern und Flensburg länger fest.

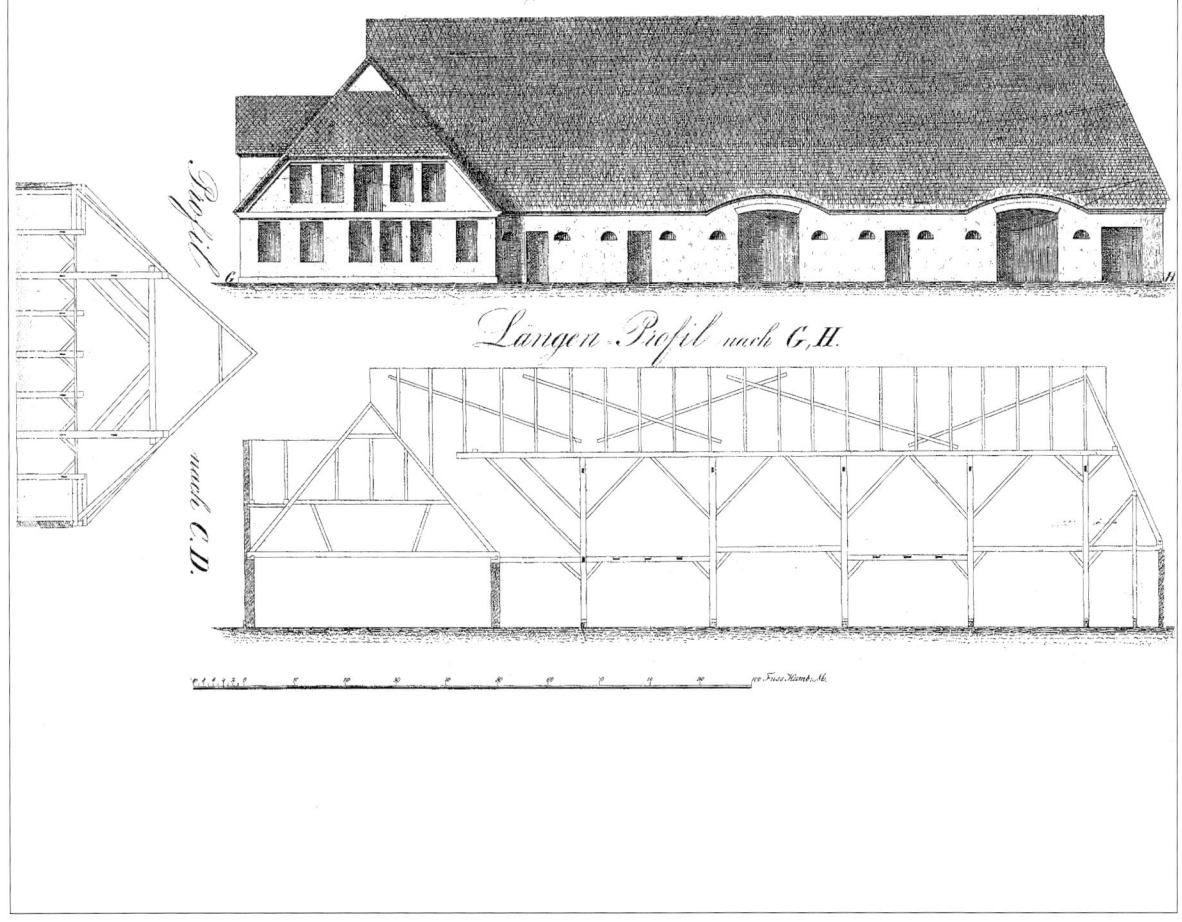

Kurzgefaßte Charakteristik

der

Bauernwirthschaften

in den

Herzogthümern

Schleswig und Holstein

nebst

Grund- und Aufrissen

einzelner Gehöfte verschiedener Landestheile.

Längen-Façade nach B.E.F.

Längen-Profil nach G.H.

*Abb. 7: Umschlag-
bild mit Text,
Auf- und Grundriß
des Werkes von
J. J. H. Lütgens aus
dem Jahr 1847.*

Abb. 8: Im letzten
Drittel des 19. Jahr-
hunderts trat zuneh-
mend die Ziegelwand
an die Stelle des
Fachwerks.
(Landesamt für Denkmal-
pflege Schleswig-Holstein)

Im Laufe des 19. Jahrhunderts schritt allerdings die Massivbauweise unaufhaltsam fort
und verdrängte das charakteristische Bild des
ländlichen Fachwerks. Die Industrialisierung
brachte zudem eine Fülle von Neuerungen.
Dazu gehörten nicht nur bis dahin unbekannte
Baumaterialien wie maschinell gefertigte Ziegelsteine, Zement, Dachpappe und Eisenträ-
ger, sondern auch die technische Bildung auf
den neugegründeten Baugewerkschulen, die
veränderte Bau-, Raum- und Funktionsstruk-
turen ermöglichte. Vor allem die „Gründer-
zeit" nach 1871 verdrängte die bis dahin regionaltypischen Bauten und ließ neue Hausformen entstehen. Der ländliche Wohnkomfort
stieg und zeigte deutlich städtischen Charakter. Den wachsenden Lebensansprüchen entsprach es, daß immer mehr Wohnräume mit
spezifischen Funktionen wie Wohn- und Eßzimmer, Schlafzimmer, Kinder-, Gesinde- und
Gästezimmer entstanden.

Die neue Zeit veränderte zweifellos das
Wohngefühl. Man verbrachte mehr Zeit in
den eigenen Räumen als je zuvor. Waren
früher viele Arbeiten außerhalb des Wohnbereichs erledigt und die Stube vor allem in den
kalten Jahreszeiten für längere Dauer aufge-
sucht worden, so übten die Wohnräume nun
mehr Anziehungskraft aus, weil sie beque-
mer, gemütlicher und behaglicher ausgestattet waren.

Längst ist das Wohnen auf dem Lande nicht
mehr an die alte Vorstellungswelt gebunden.
An ihre Stelle ist die Kleinfamilie getreten.
Die Wohnwelt wird von Möbeln verschiedener Stile und Zeiten und Funktionen bestimmt. Zwar bemüht sich auch die moderne
Innenarchitektur darum, dem Prinzip des
wandgebundenen Möbels zu folgen. Aber dem
liegen keine raumordnenden, sozialstruktu-
rellen Gesichtspunkte mehr zugrunde, sondern künstlerisch-ästhetische oder material-
bezogen-praktische. Dennoch bleibt auch der
gegenwärtige Wohnraum genauso ein Ausdruck menschlichen Lebensgefühls, wie er es
in der Vergangenheit gewesen ist.

Bäuerliches Wohnen und Agrargeschichte

Die vielfältige Ausstattung der bäuerlichen Stuben in Schleswig-Holstein wird erst recht verständlich, wenn man sie vor dem Hintergrund der agrargeschichtlichen Gegebenheiten sieht. Diese wiederum richteten sich nach Klima, Bodenformation und -beschaffenheit. Demzufolge ließ sich das Land nach drei vom Süden in den Norden parallel zueinander verlaufende Streifen einteilen: das seenreiche Hügelland der Ostseeküste mit guten Ackerböden und Buchenwäldern, der wenig bewaldete, sandige, moorige und mit Heide bestandene Mittelrücken, der wegen seiner geringwertigen Bodenbeschaffenheit als Geest (= trockenes Land) bezeichnet wird, und das flache, deichgesäumte Marschland an der Westküste, dessen fetter Kleiboden hohe Ernteerträge garantierte.

Im östlichen Hügelland herrschte vor allem in den Landschaften Wagrien, Dänischer Wohld, Schwansen und teilweise in Angeln die adelige Gutswirtschaft vor. Sie hatte sich im 16. Jahrhundert entfaltet. Dadurch war die ansässige Bevölkerung in Leibeigenschaft gefallen. Die Bauern besaßen kein festes Besitzrecht an ihren Hufen. Auch verwandelte der Adel, als vereinzelt die Leibeigenschaft schon aufgehoben wurde, noch bis in die zweite Hälfte des 18. Jahrhunderts hinein Bauernland in Gutsland und schuf so landwirtschaftliche Großbetriebe mit kapitalistischen Wirtschaftsmethoden, die hohe Gewinne einbrachten, die Bevölkerung aber zum ländlichen Proletariat herabdrückten. Erst 1805 wurde die Leibeigenschaft aufgehoben. Doch die Bauern blieben noch lange vom Gutsherrn abhängig, so daß sich hier erst spät eine anspruchsvollere Wohnkultur entfalten konnte.

Wohlstand entwickelte sich dagegen bei den freien Bauern der Ostküste. Das galt vor allem für die marschähnliche Insel Fehmarn, die sich eine starke politische und wirtschaftliche Unabhängigkeit bewahren konnte. Die insulare Abgeschlossenheit förderte die Entstehung eines reichen Großbauerntums, das seinen Weizen bis nach Frankreich, Spanien und Italien verkaufte. Daher kam es hier auch zu einer ausgeprägten Wohnkultur.

In der Probstei östlich von Kiel gediehen ebenfalls gute Ernten. Sie gehörte mit ihren 20 Dörfern zum Kloster Preetz, das nach der Reformation in ein adeliges Damenstift umgewandelt worden war. Seit dem 16. Jahrhundert erhielten die Hufner ihre Stellen in Erbpacht, im 18. Jahrhundert gingen sie in ihr Eigentum über. So entwickelte sich eine wirtschaftliche Blüte, die die Voraussetzung für die Herausbildung eines selbständigen Kulturraums mit eigengearteter Wohnausstattung war.

In Angeln ging es sparsamer zu. Doch zogen die Bauern hier aus der Milchwirtschaft einigen Gewinn, der seit der ersten Hälfte des 19. Jahrhunderts in den großzügigen Dreiseithofanlagen mit separatem Wohnhaus sichtbar wurde.

Im östlichen Nordschleswig spielten Ochsen- und Pferdehandel eine zunehmende Rolle, und Butter wurde an die holländische und englische Flotte verkauft, so daß auch hier Geld vorhanden war, um die Wohnräume reichhaltiger auszustatten.

Auf dem Mittelrücken gab es zahlreiche seit altersher freie Bauern mit uneingeschränktem Verfügungsrecht als Eigentümer oder Pächter. Aber ihre wirtschaftliche Entwicklung stand wegen des unfruchtbaren Heide- und Moorlandes weit hinter der von Ost- und

Abb. 9: Das adelige Gut Wahlstorf im Preetzer Güter-distrikt.

(Kolorierte Lithographie von Adolf Hornemann, um 1850. Schleswig-Holsteinische Landesbibliothek)

Abb. 10: Im Jahr 1804 erließ Christian VII. von Dänemark, Herzog von Schleswig und Holstein für den 1. Januar 1805 ein Gesetz zur Auf-hebung der Leibeigenschaft.

(Schleswig-Holsteinische Landesbibliothek)

PANORAMA von BURG
a/ Fehmarn.

Vor dem Bergende.

Der Hafen Burgstaaken v. Deiche ges.

Der Marktplatz v. Rathhaus ges.

Burg v. d. Wester Windmühle ges.

Die Kirche.

Der Hafenplatz v. Schuppen d. Dampfschiffes ges.

Die beiden Schulen.

Gez. lithog. gedr. u. Eigenth. von F. C. Müller-Verden.

In Commission b. E. Paluschock in BURG a/ Fehmarn.

Westküste zurück, so daß die Wohnausstattungen bescheiden blieben.

Ein Hemmnis für den ökonomischen Fortschritt stellten die Feldgemeinschaften dar, die die landwirtschaftliche Nutzung der Dorfflur Bauernschaftsbeschlüssen unterwarf, so daß Flurzwang bestand. Erst mit der Verkoppelung, d. h. Privatisierung der Liegenschaften, seit der zweiten Hälfte des 18. und verstärkt Anfang des 19. Jahrhunderts nahm der wirtschaftliche Aufschwung zu und ermöglichte eine anspruchsvollere Wohnweise.

In den Marschen hatte der Bauernstand von jeher seine Freiheit gewahrt und besaß Grund und Boden in Privateigentum. Die wohlhabendsten Bauern gab es hier seit jeher in den Elbmarschen, Dithmarschen und Eiderstedt.

Hohe Gewinne erzielten die Wilstermarschbauern auf ihren durchschnittlich 40 ha großen Höfen mit hochwertigen Böden durch Getreideanbau und Käsezubereitung. Viele ihrer mächtigen Husmannshäuser waren deshalb im 17. und 18. Jahrhundert mit so reichem Wohninventar ausgestattet wie die Bürgerhäuser in den Hansestädten. Dagegen nahmen sich die Barghäuser bescheidener aus. Sie wurden wohl von holländischen Einwanderern im 16. Jahrhundert in den Gebieten der Wilstermarsch errichtet, in denen Ackerbau wegen der zum Teil unter dem Meeresspiegel

Abb. 11: Ein Blick auf die wohlhabende Insel Fehmarn.

(Panorama von Burg auf Fehmarn, Lithographie von Müller-Verden, um 1875. Schleswig-Holsteinische Landesbibliothek)

21

Abb. 12: Die Probstei gehörte zu den vermögenden Landschaften in den Herzogtümern.
(Ölgemälde von Friedrich Ernst Wolperding, 1860. Schleswig-Holsteinische Landesbibliothek)

Abb. 13: Betuchte
Angeliter Bauern be-
saßen Ansichten von
ihren herrschaftlich
wirkenden Höfen.
*(Anita Hagemeier-Kottwitz,
Angeliter Dreiseithof-
anlagen, 1983)*

Abb. 14: Viehhandel
prägte die Landwirt-
schaft in Nordschles-
wig.
*(Federzeichnung von Peter
Madsen, 1855. Schleswig-
Holsteinische Landes-
bibliothek)*

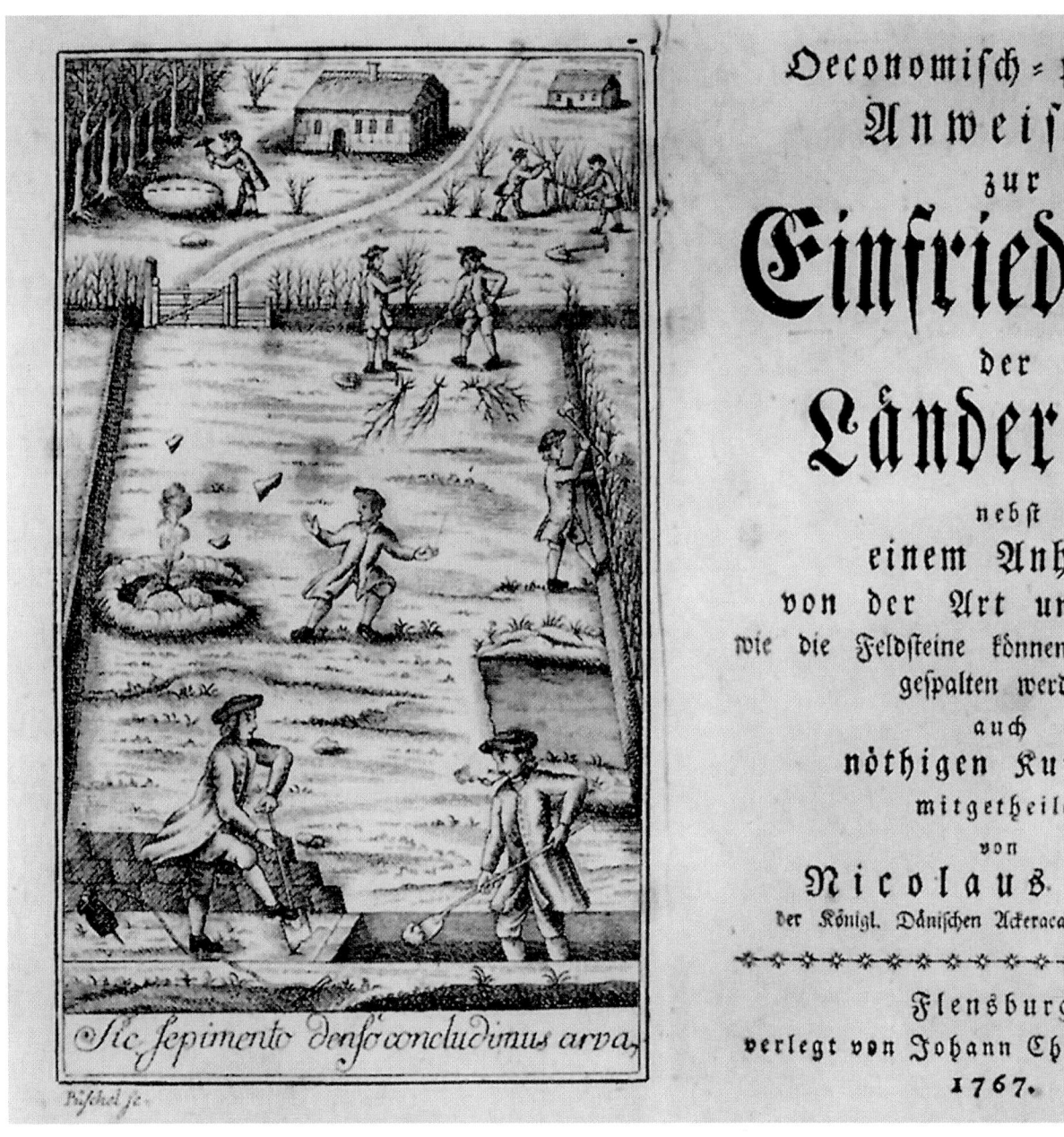

Oeconomisch = practische
Anweisung
zur
Einfriedigung
der
Ländereien
nebst
einem Anhang
von der Art und Weise,
wie die Feldsteine können gesprenget und
gespalten werden,
auch
nöthigen Kupfern,
mitgetheilet
von
Nicolaus Oest,
der Königl. Dänischen Ackeracademie Mitgliede.

Flensburg,
verlegt von Johann Christoph Korte.
1767.

Sic sepimento denso concludimus arva.

liegenden wasserreichen Flächen nicht möglich war, sondern ausschließlich Milchwirtschaft. Vielleicht sind die Barghäuser nicht nur deshalb als „Arme-Leute-Häuser" bezeichnet worden, sondern auch wegen der bei ihrem Bau sparsamer verwendeten Materialien (SCHEER 1995). Doch die eigentlichen sozialen Gegensätze bestanden zwischen den Großbauern, die ihre Wirtschaften kapitalistisch betrieben, und den Landarbeitern und Kleinhandwerkern, die ein kümmerliches Dasein fristeten. Sie führten, wie Franz Reh-

bein in seinem 1911 erschienen Buch „Das Leben eines Landarbeiters" für das ausgehende 19. Jahrhundert sehr eindrucksvoll dokumentiert hat, in ihren bescheidenen Häusern ein äußerst ärmliches Dasein.

Daß in Dithmarschen auch nach der Niederlage von 1559 durch die Landesherren große Vermögen angehäuft wurden, beweist nicht zuletzt der prächtig ausgestattete Pesel des Landvogts Markus Svin. Das Land hatte sich wertvolle Privilegien wie Zoll- und Gewerbefreiheit und das Recht auf einheimische

Abb. 15: Mit der Aufhebung der Feldgemeinschaften erhielten die Bauern die Möglichkeit, ihre Felder zu verkoppeln. Nicolaus Oest schrieb 1767 eine Anleitung, wie man Felder durch Knicks voneinander trennen konnte. (Schleswig-Holsteinische Landesbibliothek)

Abb. 16: Mit Stolz ließen sich Bauern aus den Elbmarschen ihre stattliche Hofanlage an die Wand malen.
(Foto Ilse Krohn. Kai Detlev Sievers, Schleswig-Holsteinische Bauernstuben, 3. Aufl. 1980)

Beamten sichern können, was sich außerordentlich günstig auf seine Gesamtsituation auswirkte.

Der Reichtum Eiderstedts soll durch Getreide- und Käseexport, wie Caspar Dankwerth in seiner „Newen Landesbeschreibung" 1652 mitteilt, so groß gewesen sein, daß in den Häusern mehr Silber und Gold als Eisen und Messing vorhanden war. Das monumentale Bauwerk des Eiderstedter Haubargs legt ein eindrucksvolles Zeugnis von der Wohlhabenheit seiner Besitzer ab.

Es waren nicht nur unverkennbar städtische Einflüsse, die aufgrund der engen wirtschaftlichen Beziehungen zu Hamburg den Wohnstil der Marschbauern beeinflußten, sondern durch Kornhandel mit Holland und Teilhaberschaft an Reedereien – einige Marschbauern traten sogar als selbständige Reeder auf! – fand auch ein Kulturaustausch über die nationalen Grenzen hinweg statt. Hinzu kam, daß holländische Einwanderer bereits im 16. Jahrhundert Teile der Halbinsel Eiderstedt besiedelt hatten.

Der bäuerliche Wohlstand hing immer auch wesentlich von wirtschaftlichen Konjunkturen ab. So war das 16. Jahrhundert durch Preissteigerungen für landwirtschaftliche Produkte wie Getreide, Vieh, Käse und Butter geprägt und brachte vor allem den Bauern an der Westküste steigende Gewinne, die u. a. in kostbaren Stubeneinrichtungen angelegt wurden. Schlechte Ernten im ausgehenden 16. Jahrhundert und kurz darauf eine Überproduktion an Korn in Europa führten in Schleswig-Holstein zum Preisverfall. Doch kurz vor dem Dreißigjährigen Krieg und in den ersten Kriegsjahren besserte sich die Wirtschaftslage. Die kriegerischen Verwicklungen trafen die einzelnen Regionen in den Herzogtümern dann wieder unterschiedlich schwer. Während z. B. die Elbmarschen besonders zu leiden hatten, blieb Nordfriesland zum großen Teil verschont. Nach dem Frieden von Lübeck 1629 ging der wirtschaftliche Wiederaufstieg schnell vonstatten.

Verheerend wirkte sich dagegen der sog. Polenkrieg 1657 bis 1660 mit zahlreichen Brand-

Abb. 17: Ein Blick auf das reiche Süderdithmarschen.

(Rundschau in Süderdithmarschen, Lithographie von H. Klinck um 1864. Schleswig-Holsteinische Landesbibliothek)

schatzungen auf das Land aus. Dementsprechend folgte für die Landwirtschaft eine Depression, die bis 1690 andauerte. Danach ist wieder ein langsamer Aufstieg zu verzeichnen, der bis 1740 währte.

Zu einer Hochkonjunktur kam es jedoch erst in der zweiten Hälfte des 18. Jahrhunderts. Es war jene Zeit, in der es dem dänisch-schleswig-holsteinischen Gesamtstaat unter Führung des Staatsministers Andreas Peter Bernstorff gelang, sich aus allen internationalen Verwicklungen herauszuhalten. Dagegen beteiligten sich führende europäische Nationen wie England, Frankreich, Holland und Spanien im Zusammenhang mit den amerikanischen Freiheitskriegen an kriegerischen

Aktionen und waren in ihrer Versorgung auf Speck, Butter, Getreide und Holz aus Schleswig-Holstein angewiesen. Das kam dessen Landwirtschaft in hohem Maße zugute. Weiterhin trug das starke Bevölkerungswachstum in Preußen und England zu Getreideimporten aus den Herzogtümern bei. Damals entfaltete die bäuerliche Wohnkultur ihre wohl höchste Blüte.

Mit den napoleonischen Kriegen fand sie jedoch ihr unverhofftes Ende. Erst die allmählich einsetzende Modernisierung der Landwirtschaft um die Mitte des 19. Jahrhunderts steigerte die Einkünfte der bäuerlichen Bevölkerung wieder. Die Gründerjahre nach dem deutsch-französischen Krieg 1870/71 führten

dann erneut zu zeitlich begrenzten Hochkonjunkturen, die vor allem in den Neuerungen beim Hausbau zum Ausdruck kamen, aber auch die Wohnkultur auf dem Lande grundlegend zu verändern begannen.

Eine eigene Entwicklung nahmen die nordfriesischen Inseln und Halligen. Während man dort bis in die Mitte des 17. Jahrhunderts vorwiegend von den Erträgen der Landwirtschaft gelebt hatte, gewann nun die Seefahrt entscheidende Bedeutung. Männer und Burschen, ja sogar Knaben zogen für viele Monate aus der Heimat fort und verdingten sich als Besatzungen auf holländischen und englischen Walfangschiffen. Daheim führten Frauen und Kinder die landwirtschaftlichen Betriebe weiter. Nur wenige gaben sie ganz

Abb. 18: Eiderstedter Bauern bezogen ihren Reichtum aus den Fettweiden.
(Bilder aus Schleswig, nach einem Holzstich von Robert Geißler von 1860. Schleswig-Holsteinische Landesbibliothek)

Abb. 19: Der Husumer Viehmarkt war Umschlagsplatz für die gesamte Westküste.
(Steindruck, 19. Jahrhundert. Stiftung Nordfriesland)

28

auf. Zu ihnen zählten meist die Kapitäne, deren Häuser sich im Laufe der Zeit mit Möbeln und Hausgerät füllten, die sie von ihren Reisen aus Amsterdam und anderen holländischen Städten mitbrachten. Sie gelangten auch in die Bauernstuben und prägten zunehmend deren Bild. Charakteristisch wurden ferner die Wandfliesen, die in ganzen Schiffsladungen von Holland kamen und verbaut wurden. Im 18. Jahrhundert erreichte der Wohlstand der Inselfriesen seinen Höhepunkt.

Agrarkonjunkturen regten oft zuerst zur Anschaffung von Demonstrations- und Prestigeobjekten wie Möbel, Keramik und Silber nach bürgerlichen Vorbildern an, bevor der kostspieligere Um- und Neubau des Hauses

und der Stuben begann. Dies alles war stark von der Stabilität oder dem Rückgang der Löhne und Materialpreise abhängig (KAUFMANN 1978/79).

Erst wenn man alle die verschiedenen und im Laufe von Jahrhunderten zur Entstehung gelangenden historischen, wirtschaftlichen und sozialen Faktoren in Betracht zieht, kann man verstehen, warum das Bild der schleswig-holsteinischen Stubenlandschaften so bunt und vielfältig ist und warum die Blüte der bäuerlichen Kultur vom 16. bis 19. Jahrhundert auf bestimmte Zeiten und Landschaften beschränkt blieb.

Abb. 20: Der Walfang brachte den nordfriesischen Inselbewohnern Wohlhabenheit und Kulturkontakte mit den Niederlanden und England.
(Wanda Oesau, Schleswig-Holsteins Grönlandfahrt auf Walfischfang und Robbenschlag, 1937)

Typische bäuerliche Wohnräume

Waren schon die Hauslandschaften Schleswig-Holsteins von vielfältiger Art, so kann es nicht verwundern, daß auch die Wohnkultur ihre jeweils typischen Eigenarten hervorbrachte. Sie lassen sich nach der Ordnung der Räume im Haus in bestimmte Gruppen einteilen.

In den Sackdielenhäusern Holsteins bildete das Flett als Herdraum, den Mittelpunkt. Um ihn herum lagerte sich als Wohnbereich das Kammerfach am Hausende, die seitwärtigen Luchten und eventuell Kammern in den Seitenschiffen des Hauses.

Im Durchgangs- oder Durchfahrtshaus Ostholsteins und Lauenburgs befanden sich Herd und Wohnräume in den Abseiten.

In den Gulfhäusern der Wilstermarsch sowie Eiderstedts treffen wir dagegen auf ein Raumgefüge, das einheitlich strukturiert und kleinzellig gegliedert ist, aber keinen zentralen Verkehrsraum besitzt. Ein Gang trennte die Wohnräume – meist drei – vom Wirtschaftsteil, und sie lagen nebeneinander quer zum First. Es gab in Eiderstedt aber auch Kreuz- oder Doppelkreuzwände, die den Grundriß in vier oder sechs Wohnräume aufteilten.

Der Wohnteil des uthländischen Kleinhauses in Nordfriesland war vom Wirtschaftsteil durch einen querverlaufenden Flur getrennt und gleichfalls durch ein Wandkreuz in vier Räume aufgeteilt, von denen drei dem Wohnen im engeren Sinn und einer als Küche mit Herd und Schornstein dienten. Das gleiche Prinzip gilt für das mittel- und ostschleswigsche Wandständerhaus.

Als sich in Angeln seit dem ausgehenden 18. Jahrhundert die Dreiseithofanlage in Anlehnung an gutsherrschaftliche Anlagen entwickelte, war für die Wohnbedürfnisse von vornherein ein eigenes geräumiges Gebäude vorgesehen.

Nach den wichtigsten Funktionen des Wohnens – Essen, Schlafen, täglicher Aufenthalt und Kochen – wurden Küche, Flett und Stube unterschiedlich und teilweise auch saisonbedingt genutzt. So war in Mittelholstein der Herdraum im Sommer, die Stube im Winter Hauptwohnraum. In den übrigen Teilen von Holstein und Schleswig wohnte man, ganz gleich, ob es sich um Hallenhäuser, Gulfhäuser, Uthlandshäuser, Wandständerhäuser oder um das Wohnhaus der Angeliter Dreiseithofanlage handelte, während des Sommers oft im unheizbaren Pesel, der stets auch als Fest- und Repräsentationsraum genutzt wurde, oder im „Sommerhaus" (Elbmarschen) und im Winter stets in der Döns. In Nordfriesland und Angeln gab es sogar Häuser, die neben dem Pesel als reinem Festraum noch eine eigene Sommerstube besaßen.

Den Pesel (mittellateinisch balneum pensile = mit warmer Luft geheizte Stube) beschrieb der Dithmarscher Chronist Neocorus um 1600 als „ein ehrlik Gemach, darin se vor Olders in tho Winters unde Sommertidt, nu averst bi den meisten des Sommers ehr Wesent hebben mit ehren Gesinde unde Kindern gehatt, ok darin se einen frembden Gast gevöret unde getracteret" (1a). Otto Mensing (1931) sprach von einem großen Raum im hinteren Teil des Bauernhauses mit steinerner Diele, ohne Ofen, der im Sommer als „Staatszimmer" diente, um Besucher zu empfangen, Hochzeiten und Taufen zu feiern und die Leiche aufzubahren, aber auch als Wohnraum benutzt wurde. Im Pesel seien Kisten, Koffer und Schränke zur Aufbewahrung von Kleidern

Abb. 21: Der Pesel des Norderdithmarscher Landvogts Markus Swin aus Lehe von 1568 wurde nicht zu Wohnzwecken benutzt, sondern war öffentlicher Gerichtssaal und Gastraum für den herzoglichen Landesherrn.
(Dithmarscher Landesmuseum Meldorf)

Abb. 22: Der Pesel aus Winnert im Kirchspiel Ostenfeld mit der wandfesten Bank unter den bleiverglasten Fenstern, dem schweren Tisch und Stühlen, dem reich beschnitzten Paneel an den Wänden spiegelt die Wohnkultur vermögender Bauern wider.
(Ernst Sauermann, Alt-Schleswig-Holstein und die Freie und Hansestadt Lübeck, 1911)

Abb. 23: Die Döns als Arbeitsraum: a), b): Während Frauen am Spinnrad saßen
(Foto Theodor Möller, Landesamt für Denkmalpflege Schleswig-Holstein; Jacob Alberts, Grüne Stube, 1894)

c) kratzten Männer Wolle.
(Carl Ludwig Jessen, Bauer beim Wollekratzen, 1896. Nordfriesisches Museum Nissenhaus Husum)

a

und Leinenzeug aufgestellt worden. Nach Ernst Schlee (1958) stellte der Pesel eine entschiedene Abgrenzung des Wohnbezirks von dem übrigen Teil des Hauses dar und war nach Wolf Könenkamp (1990) ein Raum für alle Zwecke, der nicht beheizt werden konnte. Er nahm die ganze hintere Hausbreite ein und blieb bis ins 16. Jahrhundert der einzige abgeschlossene und rauchfreie Raum im Haus. Um es in kühlen oder gar kalten Jahreszeiten in ihm dennoch aushalten zu können, bediente man sich der sog. Kieke, d. h. eines mit Lehm bestrichenen Faßbodens, der einen Lehmrand erhielt und in dem sich nun ein Feuer entzünden ließ. Üblich waren auch bewegl. „Feuerkisten". Im Pesel wurden damals auch alle möglichen hauswirtschaftlichen Arbeiten verrichtet. Außerdem diente er, da er sehr groß war, der Speicherung von Vorräten und der Pflege gefährdeten Kleinviehs.

Erst um die Wende zum 16. Jahrhundert, als die heizbare Döns aufkam, verlor der alte Pesel seine Allzweckfunktion (LÜHNING 1997).

c

32

b

Die Weiträumigkeit blieb jedoch erhalten, als er nun zum Festraum aufrückte. Heute ist er uns nur noch als „kalte Pracht" bekannt, weil er grundsätzlich unheizbar blieb und nur bei besonderen Gelegenheiten, so vor allem bei Familienfestlichkeiten oder als Gastzimmer, benutzt wurde. Über seine Ausstattung schrieb Richard Meiborg (1977) in seiner Darstellung des schleswigschen Bauernhauses, das mannshohe, geschnitzte Paneel sei dort in den oberen Füllungen mit Zinntellern ge-schmückt und die Gesimsbretter mit Zinn- und Messingschüsseln besetzt gewesen. Als Möbel nennt er ein oder zwei Betten (gemeint sind wohl Alkoven. Das Wort leitet sich vom arabischen alcoba = Cabinett, kl. Raum ab) und einige wandfeste Bänke, daneben eine große Anzahl von Brautkisten. Ferner standen auf einfachem Steinfußboden oftmals kost-bare Schränke und reichgeschnitzte Truhen. Auch Stühle gehörten im 18. Jahrhundert dazu. In den meisten dieser Festräume konnte

Abb. 24: Die Döns als Erholungsraum:

a) die Kinder mit der Mutter bei Bastel-arbeiten, der Vater mit der Pfeife am Bei-leger.
(Otto H.Engel, Die blaue Stube, 1923)

b), c): lesende alte Leute.
(Carl Ludwig Jessen, Großvater und Enkelin, 1876. Nordfriesisches Museum Nissenhaus Husum; Foto von Theodor Möller. Landesamt für Denkmalpflege Schleswig-Holstein)

a

b

c

eine stattliche Versammlung von Gästen wohl Platz finden.

Das Wort Pesel finden wir im Herzogtum Schleswig in Stapelholm, Eiderstedt, Nordfriesland, der schleswigschen Geest, in Angeln, Schwansen und auf Fehmarn, im Herzogtum Holstein in der Wilstermarsch und in Dithmarschen (MENSING 3, 1931). In den Elbmarschen erfüllten Sommerstube oder Grootdöns in einem eigenen Wohnflügel, dem Sommerhaus, die gleiche Funktion, auf Fehmarn der Saal, in der Probstei „Ahmdöns", „Kistenkammer" bzw. „Beste Döns", in Angeln „Bestestuuf" oder Saal. Nicht nur das Vorhandensein eines Festraums, sondern auch seine oft wertvolle Ausstattung lassen erkennen, wie sehr der Sinn für das dem Alltäglichen Entrückte ausgeprägt war und wie großzügig man dafür Platz in dem sonst bis in den letzten Winkel ausgenutzten Raum des Wohnteils hergab.

Als prächtigstes Beispiel eines bäuerlichen Festraums gilt der „Bunte Pesel" in dem zwischen 1561 und 1568 errichteten Haus des Dithmarscher Landvogts und Bauern Markus Svin. Seine Ausstattung mit aufwendig geschnitzter portalartiger Tür, ungewöhnlich aufwendiger Schenkschiewe als spezifisch norddeutscher Sonderform des Schrankmöbels in Spätgotik und Renaissance, mit Wandbänken, hohen Fenstern, Kamin und zwei Himmelbettstellen ging leider im letzten Weltkrieg durch Auslagerung verloren, konnte aber inzwischen vollständig nachgearbeitet und im Dithmarscher Landesmuseum aufgestellt werden. Allerdings handelte es sich, wie Arnold Lühning (1997) inzwischen akribisch und überzeugend nachgewiesen hat, nicht um das Staatszimmer eines reichen Bauern, sondern um eine Gerichtsstube und fürstliche Herberge für den Landesherrn.

Nach Raumgliederung und Gerüst stimmte das Gebäude, in dem sich der Pesel befand, mit einem Elbmarschenhaus überein. Als Ziegelbau mit vier dekorativen Giebeln entsprach es jedoch bürgerlicher Bauweise. Die Ausstattung des Pesels weist sogar höfische und städtisch-patrizische Elemente auf. Damit fiel der Svinsche Pesel aus dem üblichen Rahmen eines bäuerlichen Festraums heraus.

Die Döns, deren Namen Bruno Schier (1934) von altslavisch dvornica = Hofstube ableitete, war dagegen der eigentliche Wohnraum. Sie tauchte im Oberdeutschen während des Spätmittelalters als Durnitz, Türnitz zur Bezeichnung des Warmraums für die Dienerschaft auf adeligen Höfen auf und fand seit der Frühneuzeit auch in Schleswig-Holstein Eingang.

Erstmals begegnet die Bezeichnung Döns in Schleswig-Holstein 1444 in einem Schriftstück über das Schloß Gambeck bei Burg auf Fehmarn, in dem von einem „gemakhet in de dornsen" mit einem „kacheloven" die Rede ist[1]. 1598 erwähnte dann der Dithmarscher Chronist Neocorus die Bezeichnung „Dornschen" für einen Wohnraum[2].

Ihre Entstehungsgeschichte hängt eng mit der Stube zusammen. Joachim Hänel (1975) hat für das althochdeutsche Wort Stuba ein sprachliches Bedeutungsfeld ermittelt, das vom Gefäß verschiedener Gestalt und Größe bis zum behältnisartigen Holzbau in kastenförmiger Zimmerung reicht. Im Testament

Abb. 25: Die Döns
als Kommunikations-
raum:
a) „Skatrunde".
*(Foto Asmus Remmers,
Schleswig-Holsteinische
Landesbibliothek)*

b) „Seemann".
*(Carl Schildt, Holsteini-
sches Bauernleben, 1894.
Schleswig-Holsteinische
Landesbibliothek)*

c) „Kaffeegesell-
schaft".
*(Jacob Alberts, 1895.
Museumsberg Flensburg)*

a

b

c

des Churer Bischofs Tello um 765 wird sie als Badestube genannt[3]. In der gleichen Zeit bedeutete Stupa in der Lex Alamannorum soviel wie Wärme- und Aufenthaltsraum[4]. Nach den Forschungen Bruno Schiers (1934) stellte die Stube das Ergebnis einer Verbindung zweier aus dem nord- und osteuropäischen Kulturraum stammenden Einrichtungen dar: des Kochofens, der im Zuge der ostgermanischen Wanderungen in Oberitalien zu einem Hinterladerofen umgestaltet wurde, und der Badestube. Diese These wurde von Karl Ilg (1965) angezweifelt. Er sah im deutschen Stubenofen nicht osteuropäischen Import, sondern die Entwicklung aus einem bodenständigen Kochofen der Badestube. Die Stube war kleinräumig genug, um mit verhältnismäßig wenig Heizmaterial schnell durchwärmt werden zu können. Außerdem ermöglichte der Hinterladerofen eine rauchfreie und saubere Beheizung.

In Schleswig-Holstein tauchten Stuben zunächst nur in den mittelalterlichen Städten und dort vor allem als Badestuben auf. Im 15. Jahrhundert ist mit ihnen nach Konrad Bedal (1993) auch in der Weiträumigkeit des deckenlosen bäuerlichen Hallenhauses zu rechnen, und zwar als kleine, in sich geschlossene Räume, zunächst in die Abseite der hinteren Ecke des Hauses gestellt, dann mit der Einrichtung des Kammerfaches als separatem Raumteil der Rückwand des Hauses angefügt.

Es fällt heute schwer, sich eine rechte Vorstellung davon zu machen, was es für die Menschen jener Zeit bedeutete, in den Genuß eines schmutz- und rauchfreien und gleichmäßig beheizbaren Raumes zu gelangen. Es muß vor allem für die Hausfrau eine nicht nur körperliche, sondern auch psychische Befreiung gewesen sein, daß sie nun nicht mehr gezwungen war, den ganzen Tag am Herdfeuer

Abb. 26: In der Döns tagten auch die dörflichen Kommunalvertreter.

(Carl Ludwig Jessen,
Die Gemeinderatssitzung,
1896. Privatbesitz)

des von den Flammen nur dürftig erhellten Fletts zu verbringen. Darin lag ein bedeutsamer kultureller Fortschritt. Das Wohnen in der Döns brachte zudem eine gewisse Trennung von Mensch und Vieh mit sich, ohne daß die Bindung zu den Tieren im Haus verlorenging. Denn man wohnte ja weiterhin mit ihnen unter einem Dach. Außerdem wurde durch das Zusammenleben aller Hausgenossen in der Döns der Zusammenhalt des „Ganzen Hauses" (KRAMER 1964) gefestigt, ganz gleich, welcher Haustyp vorherrschte.

Wie es in einer Döns zugehen konnte, geht aus einer überaus anschaulichen Beschreibung des Jahres 1903 hervor, die den Wohnalltag mit allen Nuancen in einem Angeliter Wandständerhaus während des letzten Drittels des 19. Jahrhunderts schildert und zeigt,

daß die Döns durchaus nicht nur Feierabendraum war, sondern in ihr stets auch immer hauswirtschaftliche Tätigkeiten verrichtet wurden:

„In dcr Wohnstube sammelte sich das gesamte Hauspersonal: Herrschaften, Kinder und Dienstboten. Hier wurde gemeinschaftlich gegessen und verhandelt. In den Winterstunden wurden hier die verschiedensten häuslichen Arbeiten verrichtet. Beim Tische, in der Nähe der von der Decke herabhängenden, mit einem Binsendochte versehenen Tranlampe saßen die weiblichen Mitglieder des Hauses beim Kratzen, Spinnen, Winden, Stricken, Stopfen usw. und die Kinder entweder beim Lernen der Schullection (andere Schularbeiten kannte man nicht) oder bei irgendeinem unterhaltsamen Spiele:

Abb. 27: Die Döns
war der bevorzugte
Wärmeraum für alte
Leute.
*(Hans Peter Feddersen,
Momme Lorns am Ofen,
1875. Museumsberg
Flensburg)*

*Abb. 28: Glas-
schrank, Uhr und
weitere Gelasse
waren fest in die
Wand eingebaut wie
hier in einer Stube
aus Moorhufen von
1800.*
*(Foto Ilse Krohn. Kai Detlev
Sievers, Schleswig-Holsteinische Bauernstuben
3. Aufl. 1980)*

*Abb. 29: Betten und
Schränke waren im
Haus des Seefahrers
Lorenz Petersen de
Hahn von 1699 in
Westerland auf Sylt
hinter Türen in der
Wand verborgen.*
*(Foto Ilse Krohn. Schleswig-
Holsteinisches Freilicht-
museum Molfsee)*

Abb. 30: Ziegelsteine bildeten wie auf dem Bild „Großvater und Enkelin“ von Carl Ludwig Jessen, 1892, häufig den Fußboden der Stuben.

(Museumsberg Flensburg)

Mühl-, Dame- oder Kartenspiel (Brus, Schwarzer Peter usw.). Die Männer und größeren Knaben saßen weiter zurück, drehten Strohseile (‚Teken‘), schnitzten Löffel, machten Handstücke, Pfeifenrohre, strickten Netze, häkelten („hakten“) wollene Handschuhe usw., oder erzählten Geschichten, gaben Rätsel auf u. dgl. Dann und wann wurde auch am Tische aus irgendeinem Buche (Zeitungen wurden weniger oder gar nicht gehalten) vorgelesen, z. B. aus Gellerts Fabeln, Beckers Not- und Hülfsbuch, Bogatzkys Schatzkästlein, aus einer Postille oder aus der Bibel. War einmal nicht recht etwas zu tun, schlief wohl auch einer ein: meistens passierte das dem Knecht beim Ofen, bis er neckend von den Knaben geweckt wurde, in den Stall ging, um das Vieh ‚abzufüttern‘, und nachdem er die Grütze verzehrt hatte, sein Lager aufsuchte.

In der Wohnstube schlief die Herrschaft mit den Kindern, soweit für die letzteren Platz war“[5].

Die Döns war kleiner als der Pesel, und sie blieb von Anfang an frei von allen gröberen wirtschaftlichen Arbeiten. In ihr konnte sich daher die häusliche Kultur entfalten. Das zeigt sich zunächst in den klaren, übersichtlichen Linien der Innengestaltung. Aus Gründen der Wärmeersparnis wurden die Fronten der Einrichtungsgegenstände zu einer einheitlichen Wand zusammengerückt, so daß Bettkasten, Schrank und Uhrgehäuse ihre selbständige räumliche Existenz verloren und nur noch ihre Fassaden übrigblieben. Durch diese Lösung ergab sich einerseits eine klare Gliederung, zum anderen – und das war der Hauptgrund – wurde weniger Heizmaterial für den verbliebenen Rauminhalt benötigt. Die

41

*Abb. 31: Nur wenige
Möbelstücke wie der
Stuhl neben dem Bei-
leger, der Klapptisch
an der Wand, der Bei-
stelltisch vor dem
Alkoven und die
Sitzgelegenheit der
Halligbewohnerin in
Tracht stellen die
bewegliche Ausstat-
tung dieser Stube dar.*
*(Jacob Alberts, Halligstube,
1899. Privatbesitz)*

übrige Wandfläche war mit einem fortlaufen-
den hölzernen Paneel verkleidet, das manchmal vom Fußboden bis zur Decke reichte und
je nach Vermögen und Landschaftsstil entweder bunt bemalt war, Kassetten oder Schnitzwerk aufwies. Vor allem an der Westküste
fand die aus Holland importierte Fliesenwand
in Blau oder Manganviolett Verbreitung. Sie
verkleidete als Schutz gegen von außen eindringende Feuchtigkeit und Kälte zunächst
nur den Sockel der Fensterwand, später auch
einen Teil der Innenwände. Trotz solcher ver-
schiedenartiger Wanddekorationen blieb in

der Döns der Eindruck klarer Gliederung und
Geschlossenheit erhalten.

Der Fußboden bestand in älterer Zeit aus gestampftem Lehm, der von roten Ziegelsteinen
und schließlich Dielenbrettern abgelöst
wurde. Um die Döns sauber zu halten, war es
üblich, den Fußboden mit Streusand zu bedecken. Dafür gab es in den Häusern ein Gelaß, in Nordfriesland z. B. einen Kasten unterhalb der Wandbetten. Vor allem in den Marschen und Kögen sollte der Sand den Fußboden von der Kleierde freihalten. Erst wenn gestreut worden war, hielt man die Stube für

Abb. 32: Daß es in dieser engen Stube gemütlich sein konnte, kann man sich vorstellen, zumal im Winter, wenn der Beileger Wärme ausstrahlte.
(Carl Ludwig Jessen, Klönschnack in der Friesenstube, 1881. Privatbesitz)

Abb. 33: Nach dem Ersten Weltkrieg hielt die Moderne in den bäuerlichen Wohnräumen Einzug, wie das Grammophon links auf dem Schreibtisch zeigt.
(Gunda Köster, Menschenleben in Bargenstedt, 1990)

sauber und aufgeräumt. Der Sand wurde gleichmäßig auf dem Boden verteilt und dann mit regelmäßigen Mustern, fischgrätenartig oder strahlenförmig, versehen. Vermutlich kamen erst im 19. Jahrhundert Stroh- und Binsenmatten und schließlich gewebte Teppiche auf (SCHLEE 1942).

Was sich an Mobiliar in der Döns befand, war meist bescheiden und beschränkte sich auf einen längeren Zargentisch vor der wandfesten Bank unter dem Fenster oder einen ovalen Klapptisch und wenige Stühle, von denen entweder je einer beiderseits des Ofens postiert oder die übrigen an der Wand aufgereiht waren. Dem Fenster gegenüber befand sich ein eiserner Beilegerofen, der vom Herd im Flett oder von der Küche aus beheizt wurde.

Daß die Döns eine hervorgehobene Bedeutung im Haus besaß, zeigte sich darin, daß hier die Hauseltern in Wandbetten (Alkoven) schliefen. Vor dem elterlichen Alkoven stand die Wiege des Kleinkindes. Die größeren Kinder sowie Knechte und Mägde schliefen meist in Kammern oder Wandbetten auf der Deele. Die Beschäftigung mit der bäuerlichen Wohnkultur des 18. und 19. Jahrhunderts in Schleswig-Holstein wirft die Frage auf, ob das Leben in ihnen jenes Bedürfnis nach Gemütlichkeit erfüllte, das angeblich so sehr der deutschen Wesensart entspricht. Gemeint ist das Bestreben, sich in den eigenen vier Wänden wohl zu fühlen, sie als behagliche Umwelt zu empfinden. Zwar hatte schon 1640 der Dichter Johann Michael Moscherosch vom „teutschen festen Gemüth" gesprochen[6]. Aber erst Ende des 18. Jahrhunderts fand das Adjektiv gemütlich in der bürgerlichen Literatur Verbreitung, und nicht vor der zweiten Hälfte des 19. Jahrhunderts war von der „gemütlichen Stube im Haus" die Rede (FREYTAG 1864).

Ob die Menschen in den bäuerlichen Stuben vor dieser Zeit die gleiche Art von Gemütlichkeit als mentalen Wert empfunden haben, wissen wir nicht. Jene Privatheit und Intimität, die wir heute als Voraussetzung für eine gelungene häusliche Atmosphäre verlangen, gab es damals sicherlich nicht. Hingegen dürfte unbestritten sein, daß das Streben nach Wärme und Geborgenheit

eine grundmenschliche Eigenschaft ist und daß es auch in der Hausgemeinschaft der vorindustriellen Gesellschaft Erfüllung finden konnte. Darauf deutet der niederdeutsche Sprachschatz hin, wie er im 18. und 19. Jahrhundert auf dem Lande gang und gäbe war. So sagte man in der Itzehoer Gegend und auch in Dithmarschen: „Dat is hier mal höglich in de Döns" (MENSING 1929). Ferner sprach man von „een gemacklick Bedde" (RICHEY 1975) als weichem Bett oder von „en berieflig Schapp" (SCHÜTZE 1976) als bequemem Schrank oder von einem „mackelich Stool" (MENSING 1931) als bequemem Stuhl. Auch wurde „kommod, kommodig" (MENSING 1931) für bequem und behaglich benutzt. Vermutlich aus dem Holländischen stammte die Redewendung: „He maakt sik dat mal moi" (MENSING 1931), wenn es sich jemand bequem machte. Daß man in den kalten Jahreszeiten die behagliche Geborgenheit des Wohnraumes wohl zu schätzen wußte, belegt die Angeliter Redensart, daß man „na't warme Stuuf" (MENSING 1933) strebte.

Man wird freilich nicht davon ausgehen dürfen, daß das Wohnen in der vorindustriellen Zeit so gemütlich und behaglich war, wie wir es in unseren Tagen gewohnt sind. Dazu waren die Räume zu schlecht isoliert und zugig. Die Beileger verbreiteten zudem keine gleichmäßige und anhaltende Wärme, und der Fußboden, ob aus gestampftem Lehm, aus Ziegeln oder Holzbohlen, blieb kalt, weil man eine Unterkellerung nicht kannte. Dennoch empfanden Zeitgenossen etwas von jener Traulichkeit, die uns Nachgeborenen oft als unverkennbarer Zug bäuerlichen Wohnens erscheint. Ein 1873 geborener Schwansener erinnert sich:

„Für die nötige Wärme im Winter sorgte ein Beileger, der von der Küche aus mit Holzkloben oder Torf geheizt wurde. Er gefiel sich darin, dann und wann zu rauchen und erfüllte dann die Stube mit seinem blauen Torfdunst, und wenn auch die Ritzen mit Sauerteig gedichtet wurden, der feine Dunst verschwand nie ganz und haftete, da auch der Herd in der Küche mit Torf geheizt wurde, allen Räumen an. Er gab ihnen das Heimeliche,

Abb. 34 a), b): In den 1930er Jahren richtete man sich auf dem Land zunehmend nach bürgerlichem Vorbild Wohn- und Eßzimmer ein.
(Hans Hermann Storm, So war es damals, 1986)

Abb. 35: Ein Beispiel für die Kombination von Altem und Neuem in einer Keitumer Döns: Fliesenwand und bemaltes Paneel – Eßzimmertisch mit Stühlen und Armlehnstühle.
(Landesamt für Denkmalpflege Schleswig-Holstein)

das Zentralheizungen und elektrische Küche vermissen lassen"[7].

Daß sich bäuerliche Wohnräume voneinander unterschieden, war zum einen wirtschaftlich bedingt. Was ein Marschbauer sich leisten konnte, blieb einem Geestbauern meist unerreichbar. Aber auch innerhalb der bäuerlichen Hierarchie wurde darauf geachtet, daß soziale Abstände erkennbar blieben. Zum andern spielte die Nähe oder Ferne zu kulturellen Einflußzonen wie z. B. Hamburg eine wichtige Rolle. Die nicht zu übersehenden landschaftlichen Eigenheiten dürfen jedoch nicht darüber hinwegtäuschen, daß Gemeinsames in der bäuerlichen Wohnkultur Schleswig-Holsteins stärker ausgeprägt war als Trennendes (KAUFMANN 1980).

Mit der Modernisierung des ländlichen Bauens trat nun ein entscheidender Wandel ein. Die bisherigen Gemeinsamkeiten der Grundausstattung schleswig-holsteinischer Bauernstuben wie auch ihre regionaltypischen Besonderheiten wichen neuen Wohnbedürfnissen, die den Angeboten moderner Massenware folgten. Der Wohnbereich wurde stärker funktional differenziert in Wohnstuben, Schlafzimmer, allmählich auch in Kinderzimmer und Kammern für das Hauspersonal. Die Räume wurden höher, die Fensteröffnungen

größer, und damit verschwanden die Paneele. An die Stelle des gußeisernen Beilegerofens trat der Kachelofen mit Rauchabzug durch den Schornstein. Steinfußböden wurden durch Dielenböden ersetzt. Da man nicht mehr in der Döns schlief, sondern in Schlafzimmern, gab es nun auch keine Alkoven mehr. Die Schlafräume waren mit Doppelbetten, Nachtschränken und Waschtischen ausgestattet. Bänke, Schränke, kleinere Gelasse und Uhren, die bisher in der Döns wandfest gewesen waren, wurden beweglich, und als auch Tische, Stühle und die seit der zweiten Hälfte des 19. Jahrhunderts typische Anrichte im historisierenden Stil, später im Jugendstil aufkamen, stellten sie nicht mehr dörfliche Handwerker her, sondern Möbelfabriken. Hinzu kamen massenhaft produzierte Bilddrucke (HANSEN/TILLMANN 1990b) und „Haussegen" (gestickte Sprüche) (HINRICHSEN 1998) als Wandschmuck.

Der Einzug der modernen Wohnausstattung fand jedoch nicht überall und zur gleichen Zeit statt. In den Elbmarschen z. B. hielt man mancherorts noch bis in die 1960er Jahre an der traditionellen Wandtäfelung fest. Ebenso blieben einzelne Möbelstücke wie Truhen und Schränke erhalten und wurden mit dem neumodischen Mobiliar vermischt. Der massenhafte Ausverkauf des überkommenen Hausrats, namentlich an in- und ausländische Antiquitätenhändler, setzte bereits in der zweiten Hälfte des 19. Jahrhunderts ein, verstärkte sich nach den beiden Weltkriegen und tilgte allmählich auch die letzten Spuren überlieferter Züge aus den Wohnstuben schleswig-holsteinischer Bauern.

Grundausstattungen bäuerlicher Stuben

Zur Einrichtung bäuerlicher Stuben zählten zunächst die unbeweglich mit der Wand verbundenen Teile wie Paneele und Fliesen. Wandvertäfelungen in Wohnräumen zeigten in Schleswig-Holstein eine große regionale Vielfalt und wiesen auf soziale wie epochale Unterschiede hin. So kontrastierten schlichte Ausführungen zu anspruchsvollen, barocke zu klassizistischen, nordfriesische zu denen in den Elbmarschen. Gerhard Röper (1984) nimmt an, daß sie einzelnen Meistern zuzuweisen sind. Zeittypische Merkmale aufgrund modischer Einflüsse, vor allem gegen Ende des 18. Jahrhunderts, fanden sich sowohl bei bemalten glatten wie bei beschnitzten Paneelen.

Fliesen als Wandverkleidungen konnten nur in Backsteinbauten Verwendung finden. Sie wurden zum einen benutzt, um durchschlagender Nässe und Salpeterbildung an den Außenwänden zu begegnen, zum anderen um die Ofenwand von Schmutz freihalten und ausstrahlende Wärme speichern zu können. Schließlich stellten Fliesen eine dekorative Form der Wandgestaltung dar. Sie fanden zunächst seit der zweiten Hälfte des 18. Jahrhunderts in den Häusern der Walfänger auf den nordfriesischen Inseln und Halligen Verbreitung, gegen Ende dieses bis zum Ausgang des 19. Jahrhunderts dann auch in Bauernhäusern. Der Transport erfolgte über See aus den Niederlanden. Auf den meisten Fliesen waren biblische Szenen, Landschaften, florale Motive, Tiere und Blumenvasen in Mangan oder Blau dargestellt.

Zur Ausstattung einer Stube gehörten auch verglaste Fenster, deren Scheiben in Blei gefaßt waren und von senkrechten Rautenstäbchen gehalten wurden. Freilich blieben sie noch lange ein Zeichen von Wohlhabenheit.

So gab es in ärmeren Landesteilen wie z. B. in der Landschaft Schwansen, wo die Bauern in bescheidenen Verhältnissen lebten, in mancher Stube nur zwei kleine Fenster mit winzigen in Blei gefaßten grünlichen Scheiben (Kock 1912). Wohlhabende Höfe dagegen konnten beim Neubau auf kostbare bemalte Fensterbierscheiben rechnen, die ihnen von der Nachbarschaft aus Anlaß des Richtfestes verehrt wurden. Dargestellt waren häufig ländliche Arbeiten wie das Pflügen, wobei der Bauer aber in vornehmer Montur auftrat. Denn es ging darum, seine Tätigkeit und seinen sozialen Status symbolisch hervorzuheben (Schlee 1978). Vorbilder der Scheiben kamen aus adeligem und bürgerlichem Milieu. Hersteller waren städtische Glaser.

Gardinen als Fenstervorhänge scheinen in bäuerlichen Haushalten noch lange Zeit nicht allgemein verbreitet gewesen zu sein. Unter den zahlreichen Stubenbildern des nordfriesischen Malers Carl Ludwig Jessen finden sich nur wenige wie z. B. die Gemeinderatssitzung von 1896, auf denen Volants oberhalb der Fenster zu sehen sind. Ernst Schlee (1958) bestätigte als Zeitgenosse, daß es auf der Insel Föhr noch Anfang des 20. Jahrhunderts üblich war, die Fenster unverhüllt zu lassen, weil das Bedürfnis nach Intimität fehlte. Daß es Gardinen als Fensterschmuck dennoch lange zuvor gab, bezeugen Stapelholmer Inventare aus der Zeit zwischen 1758 und 1866. Sie waren danach eher aus Leinen als aus Baumwolle gefertigt, selten gemustert, grün oder rot, vielmehr überwiegend weiß gehalten (Mannheims 1997a). Insgesamt setzten sie sich jedoch erst spät auf dem Land durch. Dagegen gab es Fensterläden und -luken, die abends von außen und Rollos, die von innen

Abb. 36: Holländische Fliesen an den Wänden einer Halligstube.
(August Westphalen, Unterhaltung [Föhr]. Museumsberg Flensburg)

Abb. 37: Fliesenbild mit Schiffsporträt von der Hallig Gröde, 1725.
(Museumsberg Flensburg)

Abb. 38: Ofenwand mit Schiffsporträt aus Keitum auf Sylt, 18. Jahrhundert.
(Foto Ilse Burscher. Altfriesisches Haus in Keitum auf Sylt)

39

40

41

Abb. 39: Fliesenbild
mit pflügendem Bauern aus Addebüll im
Amt Bredstedt,
18. Jahrhundert.
(Landesamt für Denkmalpflege Schleswig-Holstein)

Abb. 40: Holländische Fliesen mit
Vogelmotiven von
ca. 1600 bis 1650.
(Museumsberg Flensburg)

Abb. 41: Fensterbierscheiben mit Reiter-
und Wappendarstellungen aus dem
18. Jahrhundert.
(Museumsberg Flensburg)

42

Abb. 42: Reich gefältete Gardinen und
Blumentöpfe vor dem
Stubenfenster.
*(Gemälde von Julius Fürst,
1892. Museumsberg Flensburg)*

49

Abb. 43: Beileger mit einer Kreuzigungs-darstellung, 1606.
(Museumsberg Flensburg)

Abb. 44: Kachelofen aus dem Christian-Albrechts-Koog.
(Foto Dieter Schmidt-Som-merfeld. Schleswig-Holstei-nisches Freilichtmuseum)

Abb. 45: Mädchen am Beileger.
(Käte Lassen, Am Bilegger, um 1907. Museumsberg Flensburg)

Abb. 46: Beileger mit der Darstellung der Taufe Christi im Jordan und einem Fliesenaufsatz, 18. Jahrhundert.
(Landesamt für Denkmal-pflege Schleswig-Holstein)

46

43

44

45

50

die Fenster abschlossen oder abblendeten (MENSING 1929).

Blumentöpfe als Schmuck auf Fensterbänken sollen älter als Gardinen gewesen sein (MENSING 1929). Wir finden sie vereinzelt auch auf Carl Ludwig Jessens Bildern.

Zu den wandfesten Einrichtungsstücken gehörte ferner der Beileger, ein vom Herd auf der Diele aus beheizter Ofenkasten aus gußeisernen Platten, der im westlichen Holstein und im Herzogtum Schleswig vorherrschte. Wurde mit Holzstubben oder schwerem schwarzem Torf gut eingeheizt, erreichte der Beileger hohe Hitzegrade, kühlte aber auch rasch wieder ab. Auf den nordfriesischen In-

seln und Halligen und auf Fehmarn gab es weder Holz zu schlagen, noch Torf zu graben. Deshalb mußten getrockneter Kuhdung („Ditten") oder brennbares Strandgut herhalten. Damit konnte man freilich nur ein bescheidenes Maß an Wärme erreichen und mußte den beheizbaren Stubenraum klein halten. Das Verhältnis von Brennstoffverbrauch und Wärmeleistung war zudem ungünstig: etwa 80 % des Heizwertes entwichen durch den Rauchabzug.

Um vor Verbrennungen zu schützen, trug der Beileger an den äußeren oberen Kanten massive, diagonal abstehende Messingkugeln, die gleichzeitig als Handwärmer geeig-

Abb. 47: Geöffneter Alkoven in der Hörn.
(Christian Carl Magnussen, Ostenfelder Diele, 1864. Stiftung Schleswig-Holsteinische Landesmuseen. Volkskundliche Sammlungen)

*Abb. 48: Alkoven mit
geöffneten Beider-
wandvorhängen aus
einer Keitumer Döns
von 1739.*
(Foto Ilse Burscher. Altfriesisches Haus in Keitum)

*Abb. 49: Beiderwand-
vorhang mit figuralen
Motiven aus dem
Alkoven im Oster-
rader Pesel von 1654.*
(Dithmarscher Landes-
museum Meldorf)

*Abb. 50: Hinter der
lesenden Frau der
geöffnete Alkoven
mit gestreiftem Bett-
zeug.*
(Hans Peter Feddersen, Tine
Knopmager mit Bibel, 1884.
Museumsberg Flensburg)

52

Abb. 51: Stollentruhe aus Holzacker im Amt Tondern, um 1400.
(Museumsberg Flensburg)

Abb. 52: Sockeltruhe, sog. Sonnenblumen-Truhe aus der Gegend von Hohenwestedt im Amt Rendsburg, 1786 (?).
(Museumsberg Flensburg)

Abb. 53: Sockeltruhe von der Insel Röm, 1643.
(Museumsberg Flensburg)

Abb. 54: Husumer Truhe aus Klein-Wiehe im Amt Flensburg, 1824.
(Museumsberg Flensburg)

Abb. 55: Truhe aus der Wilstermarsch, 1799.
(Museumsberg Flensburg)

Abb. 56: Probsteier
Truhe, 1788.
(Otto Brandt/Karl Wölfle,
Schleswig-Holsteins Ge-
schichte und Leben in Kar-
ten und Bildern, 1928)

Abb. 57: Schenk-
schiewe aus Meldorf
in Dithmarschen,
1546.
(Stiftung Schleswig-Holsteinische Landesmuseen Got-
torf, Volkskundliche Sammlungen)

Abb. 58: Wandfester
Schrank aus
Klockries im Amt
Tondern, erste Hälfte
des 16. Jahrhunderts.
(Museumsberg Flensburg)

Abb. 59: Kleider-
schrank aus Djernis
im Amt Hadersleben,
18. Jahrhundert.
(Museumsberg Flensburg)

Abb. 60: Kleider-
schrank aus Angeln,
zweite Hälfte
18. Jahrhundert.
(Museumsberg Flensburg)

Abb. 61: Danziger
Schapp aus dem Ma-
rienkoog im Amt
Tondern, barock.
(Museumsberg Flensburg)

net waren. Die Platten zeigten häufig Szenen aus dem Neuen Testament, wie z. B. Christi Taufe im Jordan, den Heiland mit seinen Jüngern im Garten Gethsemane oder die Samariterin am Brunnen. Die Ofenkästen stammten aus dem Harz oder Thüringen, seltener aus norwegischen Hüttenbetrieben und seit dem ersten Drittel des 19. Jahrhunderts aus der Rendsburger Carlshütte.

Bereits seit dem 17. Jahrhundert tauchten in bäuerlichen Stuben von vorn beheizbare Kachelöfen auf. Sie waren offenbar in Ostholstein neben dem Beileger üblich (HANSEN/TILLMANN 1990), verbreiteten sich aber erst im 19. Jahrhundert mit dem Einbau von Schornsteinen auch in anderen Landesteilen. Sie hatten freilich einen hohen Brennstoffverbrauch, wenn höhere Temperaturen erreicht werden sollten, kühlten dafür aber langsamer ab.

Zum Wohnen gehört auch das Schlafen in Betten. Gerade darüber ist aber aus der Vergangenheit wenig bekannt. Wir wissen kaum etwas darüber, wie die bäuerliche Bevölkerung in Kindheit, Jugend, als Erwachsene und im Alter, als Gesunde oder Kranke einen großen Teil ihres Lebens im Bett verbracht hat.

58

59

60

61

Abb. 62: Hörnschapp aus Wallsbüll im Amt Flensburg, Mitte 17. Jahrhundert.
(Museumsberg Flensburg)

Immerhin ist überliefert, daß man in wandfesten Schrankbetten (Alkoven) in der beheizbaren Stube oder im Pesel schlief. Um die kostbare Wärme für den Wohnraum so effizient wie möglich einzusetzen, wurden Platz beanspruchende Betten hinter die Paneelwand verlegt. Als Alkoven stellten sie ein aus hölzernen Wänden bestehendes rechteckiges Gehäuse dar, in das horizontale Bretter als Liegefläche gelegt wurden. Darauf kam aufgeschüttetes Stroh oder ein mit Stroh gefüllter Stoffsack. Zum Bettzeug gehörten meist Federdecke, Unterbett, Hauptpfühl (Zudecke), 2–3 Kissen, 1–2 Bettlaken. (MANNHEIMS 1997a). Welch hoher Wert diesen Textilien beigemessen wurde, beweist die bemalte Innenwand im „Sommerhaus" des Hofes Wohlert im Beidenflether Uhrendorf, die offene Wandbetten mit Vorhängen und Paradekissen in dekorativer Weise zeigt (LÜHNING 1994).

Am Fußende des Bettes stand ein Knüppel, um das Strohlager morgens aufzuschütteln.

Im Frühjahr wurde das Stroh gewechselt. Dabei kamen nicht selten Mäusenester mit Jungen zutage. Über der Bettmitte befand sich eine Öse im Balken, an der das Bettband mit einem Holzgriff hing. Es diente vor allem älteren Menschen und Kranken zum Aufrichten. Übrigens waren die Schlafgelegenheiten in ihrer Ausdehnung sehr beschränkt. Das lag daran, daß der zur Verfügung stehende Raum begrenzt war. Dadurch bot er einerseits mehr Wärme. Andererseits mußten die Menschen aber halb sitzend mit angezogenen Knien schlafen.

Die Alkoven wurden in der Regel mit Klapp- oder Schiebetüren oder Vorhängen aus Beiderwand verschlossen. Beiderwand bestand aus einem zweischichtigen Gewebe von Leinenketten und Leinenschuß und Leinenketten und Wollschuß. Sie wurde vor allem in Nordfriesland hergestellt. Die Motive

Abb. 63: Hamburger Schapp, barock.
(Otto Brandt/Karl Wölfle, Schleswig-Holsteins Geschichte und Leben in Karten und Bildern, 1928)

Abb. 64: Bäuerlicher Geschirrschrank, 18. Jahrhundert.
(Ernst Sauermann, Alt-Schleswig-Holstein und die Freie und Hansestadt Lübeck, 1911)

65

66

67

Abb. 65: Armlehn-
stuhl aus Ostenfeld,
1851.
(Museumsberg Flensburg)

Abb. 66: Armlehn-
stuhl von Amrum,
1695.
(Museumsberg Flensburg)

Abb. 67 Armlehn-
stuhl aus Bendfeld in
der Probstei, erstes
Viertel 18. Jahrhun-
dert.
(Museumsberg Flensburg)

entstammten vielfach biblischen Geschichten, wie z. B. Isaaks Opferung, die Samariterin
am Brunnen, der verlorene Sohn, Christi Einzug in Jerusalem, und waren von holländischen Vorbildern bestimmt (SCHLEE 1964).

Daß es eine festgelegte „Schlafhierarchie"
(MANNHEIMS 1997b) für die bäuerliche Haus-
haltsfamilie gab, steht fest: Bauer und Bäuerin
sowie die kleineren Kinder nächtigten in den
Alkoven der beheizbaren Stube, ältere Kinder
und Verwandte im Pesel, das Gesinde außerhalb des Wohnbereichs.

So unverkennbar der Fortschritt der abgeschlossenen Betten gegenüber dem einfachen
Lager am Herdfeuer im offenen Flett des niederdeutschen Fachhallenhauses war, so unübersehbar blieben doch die damit zusam-

Abb. 68: Stühle von der Westküste, 18. Jahrhundert.

(Walter H. Dammann, Nordelbinger Volkskunst, 1924)

menhängenden gesundheitlichen Gefahren. Denn in engen, schlecht durchlüfteten und dunklen Bettkästen der Döns war man ansteckenden Krankheiten weit mehr ausgesetzt als in der rauchigen Luft des Fletts. Die Alkoven zogen daher in der zweiten Hälfte des 19. Jahrhunderts vor allem die Kritik der Hygieniker auf sich, die noch 1868 resignierend feststellten, daß sich die ländliche Bevölkerung nur schwer von den Wandbetten trenne, obgleich diese doch Brutstätten insbesondere der Tuberkulose seien. Erst ganz allmählich setzte sich von Angeln und den Elbmarschen ausgehend die von der Medizinalpolizei so sehr gewünschte Aufteilung in Wohn- und Schlafbereiche durch (SIEVERS 1998). Alkoven hat es freilich bis zum Beginn des 20. Jahrhunderts in allen Landesteilen weiter gegeben.

Waren Schrank und Bank zunächst wandfest gewesen, so begannen sie sich allmählich aus der Wand herauszulösen und zu verselbständigen. Sie wurden zu Möbeln im eigentlichen Sinn der Wortbedeutung (lateinisch

Abb. 69: Aufklappbare Kastenbank aus Moorhusen in der Kollmarer Marsch.

(Foto Ilse Krohn. Kai Detlev Sievers, Schleswig-Holsteinische Bauernstuben, 3. Aufl. 1980)

Abb. 70: Klapptisch,
18. Jahrhundert.
(Museumsberg Flensburg)

Abb. 71: Auszieh-
tisch aus Nordfries-
land, um 1650.
(Museumsberg Flensburg)

Abb. 72: Boden-Standuhr aus Meldorf in Dithmarschen, 1776.
(Museumsberg Flensburg)

Abb. 73: Friesische Stühlchenuhr aus Keitum auf Sylt, um 1700.
(Schleswig-Holsteinisches Freilichtmuseum)

Abb. 74: Wiege aus der Wilstermarsch, 2. Hälfte 18. Jahrhundert.
(Museumsberg Flensburg)

Abb. 75: Ofenstulpe,
18. Jahrhundert.
(Museumsberg Flensburg)

Abb. 76: Ofenreck als
Gestell zum Wäsche-
trocknen aus Büttel
in der Wilstermarsch.
(Ernst Schlee, Schleswig-
Holsteinische Volkskunst,
1964)

mobilis = beweglich). Dazu kam weiteres Wohninventar wie Truhen, Stühle, Tische und Kleingerät. Größe und Anzahl der Möbel richteten sich im Bauernhaus nach dem Platz, der dafür zur Verfügung stand und nach dem Umfang des Hochzeitsgutes, das mit der Braut ins Haus kam. Alte Möbelstücke mußten daher oft neuen weichen.

Die Bezeichnung Bauernmöbel bedeutet keinesfalls, daß es sich um Möbel handelt, die von der bäuerlichen Bevölkerung selbst hergestellt wurden. Sie beschränkte ihren Hausfleiß vielmehr auf die Anfertigung von landwirtschaftlichen und Küchengeräten sowie evtl. von kunstvoll geschnitzten Mangelbrettern und Kleinmöbeln. Das Mobiliar

Abb. 77: Ofenreck auf dem Beileger aus Osterrade in Dith- marschen, 18. Jahr- hundert.

(Foto Ilse Burscher. Kai Det- lev Sievers, Schleswig-Hol- steinische Bauernstuben, 3. Aufl. 1980)

Abb. 78: Ofenstulpe auf dem Beileger aus Deezbüll im Amt Tondern, 18. Jahrhun- dert.

(Foto Ilse Burscher. Kai Det- lev Sievers, Schleswig-Hol- steinische Bauernstuben, 3. Aufl. 1980)

Abb. 79: Feuerkieke von Eichenholz aus dem Kreis Flensburg, 18. Jahrhundert.
(Museumsberg Flensburg)

Abb. 80: Bettwärmpfanne, erste Hälfte 18. Jahrhundert.
(Ernst Schlee, Schleswig-Holsteinische Volkskunst, 1964)

Abb. 81: Tassenbort aus Nordfriesland, letztes Viertel 18. Jahrhundert.
(Museumsberg Flensburg)

Abb. 82: Tellerreck aus Nordfriesland, Ende 18. Jahrhundert.
(Museumsberg Flensburg)

79

80

81

82

83

84

85

86

Abb. 83: Tonschüssel aus der Probstei mit Darstellung eines Milchmädchens, 1741.
(Museumsberg Flensburg)

Abb. 84: Möschenpott aus der Probstei, 1840.
(Museumsberg Flensburg)

Abb. 85: Pfeifenreck aus Dithmarschen, um 1800.
(Museumsberg Flensburg)

Abb. 86: Mangelbrett, 1769.
(Museumsberg Flensburg)

Abb. 87: Mangelbret-
ter, 18. Jahrhundert.
(Walter H. Dammann,
Nordelbinger Volkskunst,
1924)

stammte dagegen von ländlichen Handwerkern. Es waren vor allem auf dem Land ansässige Zimmerleute und Tischler oder Schnitt-
ker, die Möbel anfertigten. Aus der Wilstermarsch und Dithmarschen ist bekannt, daß
Zimmerleute bis zu Beginn des 19. Jahrhunderts für die Herstellung von wandfesten wie
beweglichen Stubeneinrichtungen zuständig
waren. Dabei übernahmen sie wie Unterneh-
mer Aufträge für ganze Stubeneinrichtungen,
die sie von Fachkräften herstellen ließen. Solche Großwerkstätten sind für Dithmarschen
im 17. und 18. Jahrhundert nachweisbar.

Ernst Schlee (1960) fand für Wewelsfleth in
der Wilstermarsch heraus, daß während der
glänzenden Agrarkonjunkturen im 18. und
Anfang des 19. Jahrhunderts zahlreiche
Tischlermeister und -gesellen dort ansässig
waren, die mit dem Neu-, Um- und Innenbau
von Bauernhäusern beschäftigt waren. Dazu
zählte vor allem die Familie Holtmeyer. Für
Dithmarschen ist belegt, daß Gesellen von
dort aus weite Wanderungen nach Polen, Dänemark und Holland antraten und Muster-
bücher mit nach Hause brachten (KAUFMANN
1978).

Einflüsse in der Gestaltung von Wohninventar gingen zweifellos vor allem von Städten aus. Einerseits gelangten bürgerliche Möbelstücke durch Verkauf aufs Land. Andererseits bildete städtisches Mobiliar das Vorbild für das ländliche Möbelhandwerk. Das war z. B. beim barocken Hamburger Schapp der Fall, das sich seit dem 18. Jahrhundert in den Häusern mancher Großbauern der Elbmarschen und Dithmarschens wiederfand. Ebenso weisen die mit reich verkröpftem Rahmenwerk und figürlichen Darstellungen versehenen Truhen aus der Wilstermarsch aus der zweiten Hälfte des 18. Jahrhunderts Abhängigkeiten von Hamburg auf (BAUCHE 1965).

Von Flensburg aus dürften der Bildschnitzer Heinrich Ringerink und sein Sohn Johan im 17. Jahrhundert den Landesteil Schleswig mit Möbeln versehen und sicher auch auf die Gestaltung Angeliter Brauttruhen mit Pilastern und der Gliederung in vier Felder eingewirkt haben (REDLEFFSEN 1955).

Von Husumer Werkstätten aus scheinen Truhen mit einem reich geschnitzten Mittelstreifen und Beschlagwerk sowie beiderseits eingeschnittenen Schuppenmustern als Standardware spätestens im 16. Jahrhundert vermutlich über Märkte in das gesamte Schleswiger Umland und z. T. auch nach Holstein geliefert worden zu sein. Husumer Tischler dürften es auch gewesen sein, die in die Bauernhäuser wandfeste Stubeneinrichtungen einbauten. Schließlich läßt sich nachweisen, daß die Tischler in der Probstei Kieler Vorbildern folgten und Koffertruhen mit gewölbtem Deckel herstellten, die an der Front mit figürlichen Intarsien geschmückt waren.

Auf den Märkten der Kleinstädte wie z. B. in Heide handelte man mit Holzwaren wie Stühlen und Kleinmöbeln, die während der Winterzeit in Bautischlereien auf der Geest hergestellt worden waren, und verkaufte sie an die holzarme Marsch.

Auf den nordfriesischen Inseln und Halligen fanden sogar Möbel Verwendung, die spätestens seit dem 17. Jahrhundert direkt über See aus Holland importiert worden waren. Daran änderte auch ein landesherrliches Verbot von 1636 nichts, das die Einfuhr „holländischer Kasten und Laden" untersagte. Aber auch Tische mit Platten aus „belgischem Marmor" kamen aus dem südlichen Teil der Niederlande. Sie wurden vor allem auf größeren Marschhöfen im Pesel zu Repräsentationszwecken aufgestellt. Im 18. Jahrhundert nahm dann der Import englischer Möbel zu.

In den wenigsten Fällen lassen sich Name, Ort und Jahreszahl für die Werkstatt nachweisen. Dagegen finden sich häufig Initiale von Eigentümern und auch Angaben, die auf den Zeitpunkt des Erwerbs hinweisen. Auf Wandpaneelen und Türblättern vor allem auf den nordfriesischen Inseln stehen zudem Bibelzitate und Sinnsprüche aus dem 16. bis 18. Jahrhundert.

Bäuerliche Möbel waren in Schleswig-Holstein in der Regel aus einheimischen Hölzern gefertigt. Eiche eignete sich vor allem für Schränke, Truhen, Kommoden, Schatullen, Stuhlgestelle, Bettstellen, Mangelbretter, Türen und Fensterrahmen. Wandtäfelungen konnten aus Eiche oder Föhre gefertigt sein.

Das wichtigste bäuerliche Aufbewahrungsmöbel war in Schleswig-Holstein die Truhe, ein kastenförmiges Möbel mit Deckel. Der älteste Typ im Lande ist die Frontalstollentruhe, bei der der Truhenkasten durch vier Brettstollen getragen wird. Ein aus Borstel im Kreis Pinneberg von 1694 stammendes eichenes Exemplar weist auf der Schauseite Flachschnittschnitzereien auf. Im 17. Jahrhundert breiteten sich Kastentruhen aus, bei denen der Behälter auf zwei seitlichen, nach vorn abgerundeten Kufenhölzern ruht und der Raum unter der Truhe durch ein Schrägbrett abgeschlossen wird. Er konnte indessen auch auf einem hölzernen Sockel stehen. Die Fronten waren dem Zeitstil entsprechend renaissancehaft oder barock mit Schnitzwerk verziert, gelegentlich auch farblich gefaßt.

Mit dem ausgehenden 17. Jahrhundert trat der Truhe mit flachem der Koffer mit gewölbtem Deckel zur Seite. Charakteristisch war der Eisenbeschlag, der das gesamte Möbel überzog und seiner Sicherung diente. Ernst Schlee (1978) meint, daß der Koffer dem Bedürfnis entsprach, die an die Stelle von wollenen Bettdecken getretenen zahlreichen und voluminösen Federpfühle unterzubringen.

Abb. 88: Beiderwandstoff, erste Hälfte 18. Jahrhundert mit der Darstellung des Erdkreises.
(Museumsberg Flensburg)

Für die Entstehung des Schranks als Möbel ist die Schenkschiewe bedeutungsvoll. Sie ging aus dem hochformatigen, in eine Wandnische eingelassenen Kasten hervor, der auf Kufen stand und oben durch ein Stirnbrett abgeschlossen wurde. Die Schauseite war wandbündig und besaß zwei oder drei übereinander liegende verschließbare Klappen. Bei der Schenkschiewe läßt sich die mittlere von ihnen herausklappen und wird von einer Kette in waagerechter Linie gehalten, so daß das wertvolle Trinkgeschirr des Hauses darauf plaziert werden konnte wie bei einer Kredenz, wenn den Gästen zum Willkommen eingeschenkt (daher der Name Schenkschiewe) wurde. Die oft aufwendige und mit biblischen Motiven versehene, geschnitzte Schauseite weist auf die repräsentative Funktion hin, die das Möbel im Pesel des Bauernhauses zu erfüllen hatte. Es war in der Regel fester Be-

standteil des Hauses und wurde als solcher bei dessen Verkauf darin belassen.

Eine wichtige Bedeutung besaß auch das Hörnschapp (Hörn = Ecke), das in der Stubenecke neben dem Platz des Hausvaters stand. Es war mit Schnitzwerk und profiliertem Rahmenwerk, zwei oder drei Geschossen, und Klapptür versehen. Seit Anfang des 17. Jahrhunderts fand das Hörnschapp an der holsteinischen Westküste Verbreitung. Es stellte vor allem in Dithmarschen eine Sonderform des Bankschranks dar, findet sich dann aber auch in der Wilstermarsch, in Eiderstedt und Nordfriesland bis nach Skandinavien (MÜLLER/MÖLLER 1997).

Schränke waren in Schleswig-Holstein bis ins 17. Jahrhundert meist wandfest. Das Wort Schrank weist ja auf die ursprüngliche Bedeutung als Schranke vor einer Nische hin. Als separates Möbel breitete sich der Kleiderschrank in Norddeutschland vermutlich erst aus, als die barocken Kleidungsstücke in der Truhe nicht mehr unterzubringen waren und statt dessen den wachsenden Bedarf an Oberwäsche und Leinen aufnahm. Anfangs wird der Schrank ein aufrecht stehender Kasten mit flachen, sparsam bemalten Türen und Kufen als seitwärtigen Unterlagen gewesen sein, wie er aus Nordfriesland bekannt ist. Bald aber schon übten die nach holländischem Vorbild gebauten monumentalen Hamburger Schapps mit hohem Sockelgeschoß auf Kugelfüßen, mit Schubladen, Halbsäulen beiderseits der hohen Türen, und ausladendem Kranzgesims starken Einfluß auf die bäuerlichen Stubenausstattungen des Umlandes aus. Ihre Blütezeit lag zwischen 1680 und 1720. Ähnliche Schranktypen entstanden in Bremen, Lübeck und Danzig.

Als Sitzgelegenheiten dienten in den Döns wie im Pesel wandfeste Bänke, die mit Kissen und Decken reichlich belegt waren. Seltener waren Truhenbänke, deren Deckel als Sitzfläche diente. In älterer Zeit tauchen sodann einfache Pfostenstühle auf. Als Frauenstuhl galten zu Zeiten des Dithmarscher Chronisten Neocorus um die Wende zum 17. Jahrhundert Dreipfostenstühle mit Binsensitz. Stühle waren aber noch lange keine Selbstver-

Abb. 89: Stuhlkissen in Nobbentechnik aus Boxlund in der Landschaft Bredstedt. (*Museumsberg Flensburg*)

ständlichkeit. Aus einem wohlhabenden Wesselburener Bauernhof ist für 1567 überliefert, daß es dort nur einen einzigen Stuhl gab, und der stand im Pesel (KÖNENKAMP 2000).

Der für Niederdeutschland weit verbreitete Pfostenstuhl bestand aus vier Pfosten, die die Sitzfläche als ein über Stäbe gespanntes Geflecht von Stroh-, Binsen- oder Hanfschnüren trugen. Die beiden rückwärtigen Pfosten bildeten die Rückenlehne. Waren auch die beiden vorderen höher, so lagen auf ihnen die Armlehnen auf, und es handelte sich um einen Armlehnstuhl.

Der Typ des Vierpfostenstuhls trat in mannigfachen Formen im Land auf, sei es, daß die Pfosten kantig geschnitten oder rund gedrechselt waren. Sei es, daß die Rückenlehnen aus einem flachen, massiven oder einem durchbrochenen Brett bestanden oder aus gedrechselten Stäben (Docken) wie vor allem an der Westküste. Insgesamt dürften sich Einflüsse

von Hamburg, den Niederlanden und England auf die Gestaltung der Stuhlform in Schleswig-Holstein bemerkbar gemacht haben.

Englische Stühle waren offenbar Ende des 18. Jahrhunderts in wohlhabenden Kreisen modern, wie sie z. B. der Vollmacht Hansen, ein Kommunalrepräsentant aus dem Dithmarscher Kronprinzenkoog, besaß. Er war ein sehr vermögender Mann, der bereits 1792 den dänischen Kronprinzen, den späteren König Friedrich VI. bei sich empfing und 1806 sogar das adelige Gut Ascheberg erwarb.

In älterer Zeit wurden in Schleswig-Holstein Schragen- oder Stollentische bevorzugt, später auch ovale, drei- oder vierbeinige Klapptische. In der nordfriesischen Döns hätten große Tische gar keinen Platz gehabt. Klapptische waren wohl ursprünglich in England entstanden (BARFOD 1998) und kamen ebenso wie Tische mit ballusterartigen Beinen für den Pesel aus Holland. Als Zentrum der Stube, um das sich eine Hausgemeinschaft alltäglich in hierarchisch streng festgelegter Ordnung versammelte, spielte der Tisch eine herausragende Rolle.

Betten waren grundsätzlich wandfest. Allein die Wiege läßt sich als Möbel bezeichnen. Sie stand in unmittelbarer Reichweite zur elterlichen Bettstatt und verschwand aus der Stube, wenn ihr das Kleinkind entwachsen war. Wie in ganz Norddeutschland war auch in Schleswig-Holstein die querschwingende Kufenwiege verbreitet: Die Wände waren in vier kantige Pfosten eingenutet. Oben liefen diese in Knöpfe aus, an denen das Wiegenband befestigt war, unten in Schlitze, in die die Kufen eingefügt wurden. Seiten- und Stirnwände wurden häufig mit Kerbschnittrosetten verziert, konnten auch einen eingeschnitzten Namenszug tragen.

In den bäuerlichen Stuben fanden sich seit dem beginnenden 18. Jahrhundert in zunehmendem Maß auch Uhren. Die „Demokratisierung der Uhr" (LÜHNING 1975) brachte es mit sich, daß Uhrmacher standardisierte Zeitmesser herstellten, die von begüterten Bauern zur Vervollständigung ihres Wohnkomforts angeschafft wurden. Über nordfriesische Seefahrer und Walfänger gelangten Friesische Stuhluhren aus den Niederlanden, deren Messingwerk auf vier Beinen stand, in die heimischen Dönsen. Sie hingen entweder an der Ofenwand oder waren in die Paneelwand zum Hausgang eingebaut. Mit Anfang des 18. Jahrhunderts begannen schleswig-holsteinische Uhrmacher nicht nur in Städten, sondern auch in Flecken und auf dem Land Uhren herzustellen. Mit wachsender wirtschaftlicher Blüte der Herzogtümer in der Zeit des Gesamtstaates wuchs der Bedarf an Uhren, die nun als Wanduhren mit langem Sekundenpendel immer mehr Verbreitung auf dem Land fanden. Angeln und die Landschaft Sundewitt dürften besonders viele Uhrmacherfamilien hervorgebracht haben, und dort gehörte denn auch am Ende des 18. Jahrhunderts eine Standuhr zum „Standardbesitz" (LÜHNING 1975) wohlhabender Bauern.

Zur Ausstattung der Döns gehörte ferner eine Reihe von Kleinmöbeln als „Gegenspieler" (SCHLEE 1978) zu den gewichtigen Möbeln wie Truhe, Schrank, Bank, Stuhl und Tisch. Zu nennen sind das Ofenreck mit vier gedrechselten Beinen und dünnen Stegen zum Trocknen von Kleintextilien. Es war vor allem dort verbreitet, wo man wie in den Marschen seit der zweiten Hälfte des 19. Jahrhunderts Häuser baute, in denen die Döns eine höhere Decke besaß.

Auch die Ofenstulpe aus gepunztem Messingblech als warmhaltende Haube für Speisen gehörte zu den charakteristischen Kleinmöbeln in den Stuben, ferner das Stövchen oder die Feuerkieke zum Füßewärmen, dann die kunstvoll dekorierte Bettwärmepfanne, mit der die klammen Betten angewärmt werden konnten. Als weitere Stücke seien genannt Hängeborde für Schauteller und Dreieckborde für Tassen, Teedosen, kleine Leuchter usw., schließlich Tellerborde, Pfeifen- und Löffelhalter. Weiterhin gab es jene Vielzahl an Geschirr aus Irdenware, das der Stolz der Hausfrau war.

Eine besondere Rolle spielten die Mangelbretter. Man benutzte sie, um Wäschestücke, die um ein rundes Holz gewickelt wurden, zu glätten. Oft blieben sie aber bloße Schmuckstücke, die man sich an die Stubenwand hängte. Ernst Schlee (1964) bezeichnete sie wegen der Häufigkeit ihres Vorkommens als eine Art landschaftscharakterisierendes „Leitfossil" der Volkskunst. In Nordfriesland waren so die trapezförmig geschnittenen, grifflosen Bretter – offenbar von Holland beeinflußt – mit Rosettenpyramiden als bekrönendem Abschluß verbreitet. In anderen Regionen besaßen sie wie in Skandinavien Griffe von doppelköpfiger Pferdegestalt. Kerb-, aber auch Flachschnitzereien dienten als Dekor. Zur schleswigschen Geest hin wurden die Formen ärmer und schmuckloser.

Alle diese Kleingegenstände waren geeignet, den Wohnraum zu gestalten und ihm ein individuelles Gepräge zu geben. Daß dazu weiterhin auch Textilien wie Bank- und Stuhlkissen als Knüpfarbeit in Smyrnatechnik mit Noppenknotung und unterschiedlichsten Motiven und Farben sowie Beiderwandvorhänge vor den Wandbetten beitrugen, sei hier nur angemerkt.

Bäuerliche Stubenlandschaften

Das Herzogtum Schleswig

Die nordfriesischen Uthlande

Dieser Landesteil erhielt seinen Namen im 12. Jahrhundert und bedeutet „Außenland", d. h. das außerhalb der Geest liegende Marschenland und das Land vor den Deichen. Dazu rechneten die Inseln und Halligen und an der Küste zwischen Husum und Tondern die Horsbüll- und Bökingharde sowie Eiderstedt.

Auf der Halbinsel Eiderstedt wohnten die vermögenden Bauern seit dem 16. Jahrhundert in Haubargen, den größten Bauernhäusern in Schleswig-Holstein. Diese lagen auf Warften und besaßen als Gulfhäuser ein Innengerüst aus vier oder sechs oder sogar acht Hochständern von acht bis zehn Metern Höhe, die in der Längsrichtung durch Balken (Pfetten), in der Querrichtung unterhalb des Kopfendes durch Stichbalken miteinander verbunden wurden. Die Außenwände waren massiv aufgemauert. Auf den Ständern ruhte ein in seinen Ausmaßen gewaltiges Dach, unter dem die Ernte in den von den Ständern gebildeten Vierkanten (Gulfen) erdlastig gestapelt werden konnte.

Stallungen und Diele umschlossen diesen Hauskern auf drei Seiten. Vom Wirtschaftsteil abgetrennt und ihm vorgelagert lag das „Vörhus" als Wohnteil mit oder ohne eigenen Dachstuhl. Man betrat es durch eine zweiflügelige Haustür und gelangte in die Vordiele, von der aus Wohnräume, Küche und eine Reihe Wandbetten für das Gesinde abgingen. Durch die strenge Trennung von Wohn- und Wirtschaftsteil und den Herd mit gemauertem Kamin für den Rauchabzug erschien dieser Haustyp gegenüber dem Fachhallenhaus und seiner offenen Herdstelle als fortschrittlich.

Wie es in den Wohnräumen von wohlhabenden Eiderstedter Bauern um 1846 aussah, schilderte der Reiseschriftsteller Theodor Mügge in anschaulicher Weise:

„Häufig ist es (das größte Zimmer) mit einem Fußboden von Fliesen versehen, ohne Ofen, und enthält in gewaltigen, mit Messing beschlagenen Koffern, oder auch in alten schönen Schränken von gebeiztem und gebohnertem Holz, deren Schnitzwerk Zeugnis giebt, daß in früheren Zeiten Holzschneidekunst hier vorzüglich geliebt und geübt wurde, den Leinen- und Bettenschatz, sammt andern Kostbarkeiten, namentlich auch fast immer den Putz und Schmuck der Frau, den bebänderten Seidenhut usw.

Die wohltuendste Reinlichkeit tritt uns hier überall entgegen. Die Wände sind blendend weiß, sie werden alljährlich neu getüncht; die Thüren, die Fenster, die Decken mit grünlicher Oelfarbe gestrichen, vermehren das Zierliche und Wohnliche ungemein. An den großen hellen Fenstern stehen Blumentöpfe, an den Wänden hängen wohl da und dort einige Kupferstiche, eine Gehäuseuhr fehlt gewiß nicht. Polsterstühle reihen sich um den Tisch und der Fußboden ist so sauber gehalten, wie jener, auf dem der Kaffee- oder Theekessel von Morgen bis Abend in fast ununterbrochener Geschäftigkeit brodelt"[1].

Offenbar handelt es sich hier um die Beschreibung der „Grot Stuf" (Große Stube), die man nicht nur als Repräsentations-, Besuchs- und Festraum benutzte, sondern auch in der Sommerzeit bewohnte.

In der „Lüttjen Stuf" (Kleine Stube) dagegen waren die Wände mit holländischen Flie-

Abb. 90: Eiderstedter
Haubarg.
(Landesamt für Denkmal-
pflege Schleswig-Holstein)

Abb. 91: Grundriß
eines Eiderstedter
Haubargs.
(J. J. H. Lütgens, Kurzgefaßte
Charakteristik der Bauern-
wirthschaften in den
Herzogthümern Schleswig
und Holstein, 1847)

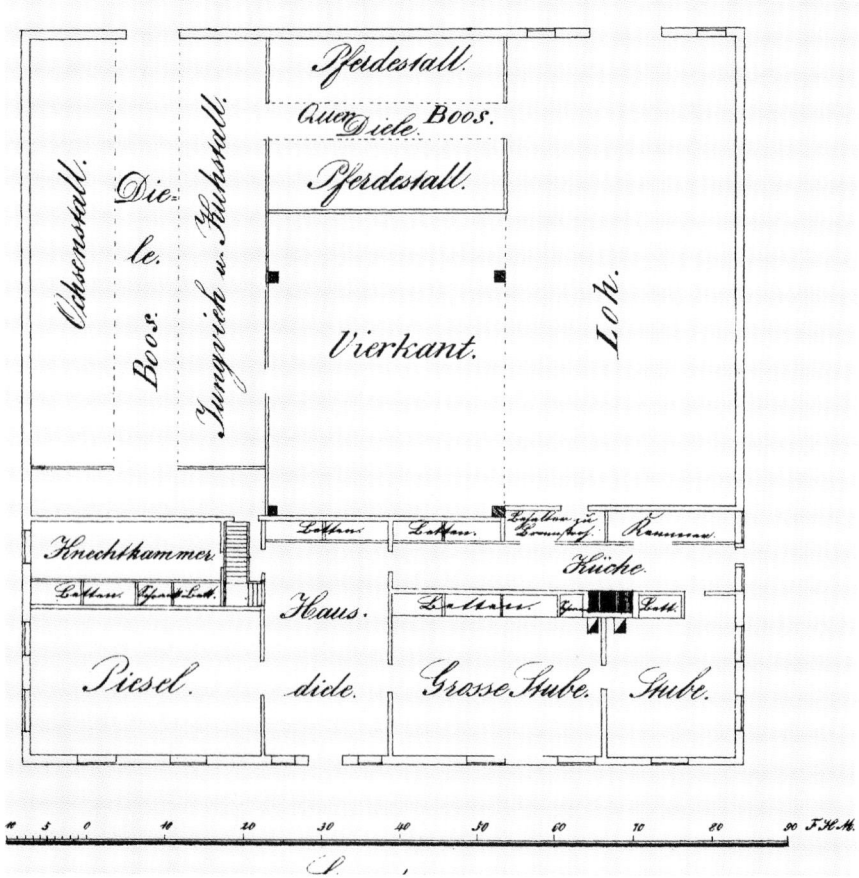

sen verkleidet, die Türrahmen wohl in vio-
letter Farbe als Säulen dargestellt, von Laub-
gehängen umschlungen und mit Liebes-
göttern und Vögeln verziert. Der Türsturz
konnte Rosetten und verschnörkeltes Laub-
werk zeigen. Neben der Eingangstür stand in
manchen Häusern der Silberschrank, unter
dem Fenster der Tisch, vor dessen Ende der
Hausherr im Lehnstuhl saß. Solche Stühle
mit ihrem steifen Rahmenwerk erinnern an
englische Vorbilder. Gelegentlich tauchte in
der Eiderstedter Wohnstube als Möbelstück
auch das dreieckige Hörnschapp (Eckschrank) auf, das neben dem Platz des Bauern
stand und in dem die Wertsachen des Hauses
verwahrt wurden. Die Eiderstedter Truhen
wiesen im frühen 18. Jahrhundert dreiteilige
Arkadenfelder auf.

Ein herausragendes Exemplar solch hoch-
stehender bäuerlicher Wohnkultur stellte der
1550 entstandene und 1750 umgebaute
Staatshof in Tetenbüll dar, der noch 1927 in
traditioneller Art bewohnt wurde:

„Im Vorderhaus ist die Diele der größte und
schönste Raum. In der Längsachse, der Haus-

tür gegenüber, stand der massige eichene Kleiderschrank mit tief ausgekehlten Füllungen
und schwerem, weit ausladendem Hauptge-
sims. Auf dem geraden Abschluß standen drei
große Potpourri-Vasen aus blau-weißer Delfter Fayence. Im übrigen hing und stand hier,
was man sich zum öfteren Gebrauch zur Hand
wünschte und was gleichzeitig durch Form
und Farbe eine Zierde abgab: ein paar schön
gearbeitete Lichtständer in Kunstschmiede-
arbeit, eine Wandlampe mit großem blank ge-
putztem Messingblaker. An großen messingnen „Wandschrauben" hingen der „Besemer"
(Handwage, K. D. S.) gleichfalls mit Messingbeschlag, Bettpfannen, das silberbeschlagene
spanische Rohr des Hausherrn und neben der
Boosmitteltür (Tür von der Küche zum Kuh-
stall, K. D. S.) das reich mit Messing verzierte
Staats-Pferdegeschirr. Alle Türbeschläge wa-

ren kunstvoll aus Messing gearbeitet. Wie
denn überhaupt die Goldfarbe des blankgeputzten edlen Messings damals eine bevorzugte und angenehme Rolle spielte. Im dun-
kelsten Winkel stand der „Bökerkorb" (Baker-
korf: „Wärmkorb", an dem die Kinder beim
An- und Ausziehen gewärmt wurden, s. Mensing 1927, K. D. S.) mit dem Kohlenbecken,
dessen Bedienung der Kinderfrau oder der
Amme anvertraut war. Sie hatte ein Schäch-
telchen mit „Königskrut" zur Hand, wovon
sie, wie es angebracht erschien, ein paar Kör-
ner in die Glut warf. Das gab dann angeneh-
men Duft, der sich langsam durch alle Räume
des Hauses verbreitete. Wenn an Sonntagen
der sauber gefegte Lehmestrich mit feuchtem
weißen Sand besprengt war, alle Messingteile
in schönem Goldglanze blinkten und der
feine, dezente Duft, den die starke Potpourri-

*Abb. 92: Diele im
Eiderstedter Hau-
barg, 1743. Dies war
der Eßplatz für die
Hausgemeinschaft.
Rechts befinden sich
die Alkoven für das
Gesinde.*
(Foto Dieter Schmidt-
Sommerfeld. Schleswig-
Holsteinisches Freilicht-
museum)

*Abb. 93: Diele aus
Tetenbüll, 18. Jahr-
hundert. Hier befand
sich ein einfaches
Wandbett mit hölzer-
nen Schiebetüren für
das Personal.*
(Gemälde von Wilhelm
Jensen, 1927. Stiftung
Nordfriesland)

*Abb. 94: Gute Stube
aus Tetenbüll,
18. Jahrhundert.
Die aufwendig gestal-
teten Alkoventüren
spiegeln das Reprä-
sentationsbedürfnis
Eiderstedter Bauern
wider.*
(Gemälde von Wilhelm
Jensen, 1926. Stiftung
Nordfriesland)

Füllung der sehr großen Delfter Vasen das
ganze Jahr hindurch ausströmte, alle Zimmer
erfüllte, waren die fein abgestimmten Räume
noch anheimelnder. Die drei der Diele vorge-
lagerten Stuben gestatteten von hoher Werft
herab freien Ausblick über das ebene Marsch-
gelände mit seinen zerstreut liegenden Werf-
ten und Häusern. Im größten Zimmer, Pesel,
Festsaal, wurden Verlobungen, Hochzeiten,
Kindtaufen gefeiert, hier stand bei Todesfällen
der Sarg. Der Pesel hat eine bemalte Holz-
decke, worauf in vier Bildern die Geschichte
des verlorenen Sohnes dargestellt ist. Das
Wohnzimmer mit seinem nach der Küche hin
ausgebauten Ehebett und das Nebenzimmer
hatten ursprünglich wohl, wie die Diele,
Lehm-Estrich, der Pesel aber seit alters her
Fußboden aus großen, graubraunen Sandsteinplatten. Die geräumige Küche hat zwei
Herde und einen Backofen. Über dem Keller
befindet sich die anheimelnde „Hochstube"[2].

Es fällt auf, daß gar nicht von Wandverkleidungen die Rede ist, und tatsächlich waren
nur die bis zum Fußboden reichenden blau
oder rot bemalten Türen der Wandbetten mit

Abb. 95: Der Schreib-schrank aus dem Rokoko stammt aus Tetenbüll und ent-sprach dem bürger-lichen Geschmack dieser Zeit, wie er auch in vermögenden bäuerlichen Kreisen gepflegt wurde.
(Gemälde von Wilhelm Jensen, 1926. Stiftung Nordfriesland)

Abb. 96: Stube aus Tating, um 1780.
a) Im Rokokostil beschnitzte, hohe Alkoventür mit mächtigem Gesims. Die geräumige Bett-statt wurde vom Herd in der Küche erwärmt, die hinter dem Beileger lag.
(Altonaer Museum in Hamburg)

b) Die Fensterwand zeigt einen aufklapp-baren Tisch mit typischem Armlehn-stuhl. Alle Wände sind bis unter die hohe Decke gefliest.
(Altonaer Museum in Hamburg)

95

96a

96b

Abb. 97: Alkoventür aus Brösum, um 1780. Reich ornamentierte Pilaster mit Tulpenblüten, Ranken und Tulpenblüten an den Seiten und ein Gesims mit Spiegelmonogramm und Krone schmücken die Tür in aufwendiger Weise.

(Foto Ilse Burscher. Kai Detlev Sievers, Schleswig-Holsteinische Bauernstuben, 3. Aufl. 1980)

aufwendigem Rahmenwerk im Barock- oder Rokokostil versehen. Sie zeigten Füllungen mit Ranken-, Blatt- und Blumenwerk und manchmal ein Oberlicht.

Im ganzen betrachtet, haftete den Wohnräumen des Haubargs die ein wenig kühle Stimmung eines auf Repräsentation bedachten Barock an.

Ein ganz anderes Bild boten die gleichfalls auf Warften liegenden schmalen und niedrigen Häuser der Inseln und Halligen und des festländischen Teils der nordfriesischen Uthlande. Sie waren mit den Giebeln in Ost-West-Richtung gebaut, um den harten Westwinden möglichst wenig Angriffsfläche zu bieten. In einer „Beschreibung der Insel Föhr" heißt es 1825:

„Die Länge eines Hauses beträgt in der Regel 8 Fach, jedes zu 6 Fuß, mithin 48 Fuß, und die Breite bis 30, so wie die Höhe 24 Fuß. Die Brandmauer, die zum Dache aufreicht, ist an den Seiten 8 Fuß, an den Enden 12. Ueber der Hausthür ist ein Giebel angebracht. Im fünften Fach des Hauses geht eine Vordiele durch das ganze Haus, die das Haus in zwei Theile theilt, die an einem Ende die Haus-, auf der andern Seite die Gartenthür hat. Der Theil rechts ist die Wohnung der Familie, der links dient zur Oekonomie. Die Wohnstube, in der Regel 12 Fuß Länge und Breite, und die Küche nehmen die beiden nächsten Fächer an der Vordiele ein, die beiden andern bilden einen zweiten Raum, Pesel genannt, und neben diesem ist die Kammer, worunter in der Regel ein Keller angebracht ist ... Schornsteine haben alle Häuser"[3].

Demnach besaßen solche Gebäude Abmessungen von etwa 14 m Länge, 8,70 m Breite und 7 m Höhe. Die Brandmauer war nur 2,32 m an den Seiten und 3,50 m am Giebel hoch. Die Döns maß ganze 12 qm.

In den älteren Häusern standen zwei Reihen von Ständern im Abstand von höchstens einem Meter parallel zu den Außenwänden. Die Ständerköpfe waren in Längsrichtung mit einem Kantholz, dem Rehm, im Querverband mit dem darüber liegenden Dachbalken verbunden. Auf den Endpunkten der Dachbalken ruhten die Sparren, die in den First hinauf führten und das Dach trugen. Sie wurden durch kurze Aufläufer nach unten verlängert, die bis zum Kamm der Außenwand reichten. Auf diese Weise wurde der Zwischenraum zwischen Ständerreihen und Außenwand abgedeckt. Dadurch entstand die für das Uthlandhaus so charakteristische Absenkung der Stubendecke über den Fenstern, die als Katschur bezeichnet wird.

Brach eine Sturmflut herein, konnten die bis 1,50 m tief in das Erdreich eingegrabenen Ständer das Dach tragen und vor dem Einsturz bewahren. Ursprünglich in Fachwerk errichtet und im Innengerüst so noch lange erhalten, begann man um 1700 die Außen- und später auch die Innenmauern in Backsteinen aufzuführen.

Abb. 98: Inselfriesi-
sches Haus.
(Landesamt für Denkmal-
pflege Schleswig-Holstein)

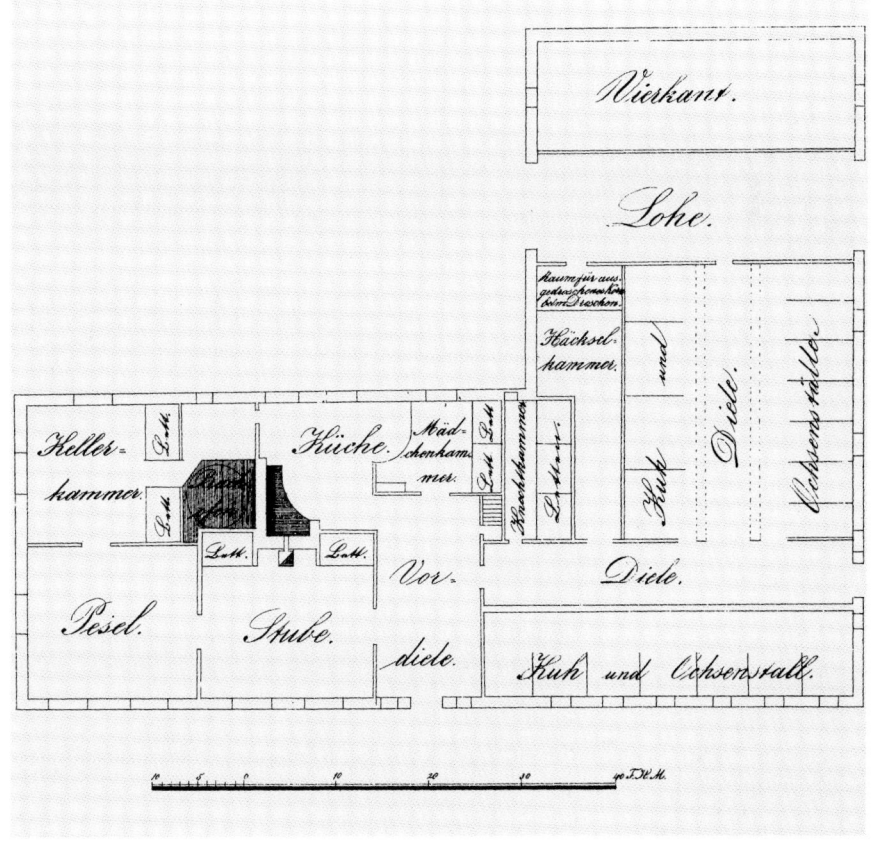

Abb. 99: Grundriß
eines inselfriesischen
Hauses.
(J. J. H. Lütgens, Kurzgefaßte
Charakteristik der Bauern-
wirthschaften in den
Herzogthümern Schleswig
und Holstein, 1847)

Der Wohnteil war durch ein Wandkreuz in vier Räume aufgeteilt. Im südlichen Teil lag die Döns, an die sich der Pesel anschloß. Nördlich davon befand sich die Küche mit dem Herd als einziger Wärmequelle, von dem aus der Ofen in der Döns beheizt wurde. An den Pesel grenzte die Kellerstube (die sog. Kammer). Auf größeren Höfen gab es zwischen Döns und Pesel noch eine Zwischenstube.

In den schmalen und niedrigen, langgestreckten Uthlandshäusern waren die Abmessungen der Wohnräume viel geringer als in den Fachhallenhäusern und Gulfhäusern. Erst als die Häuser im 19. Jahrhundert an Breite gewannen, wurden die Stuben geräumiger und konnten anspruchsvoller gestaltet werden.

Charakteristisch für die nordfriesischen Wohnräume war die Ausführung ihrer Paneele. Die Anfänge liegen etwa um 1600. An der Art, wie die Flächen behandelt wurden, läßt sich ein „soziales Gefälle" (SCHLEE 1983) der Hausbewohner ablesen. Die sparsamere Ausführung wies Spundwerk (auf Nut und Feder gearbeitet) auf, die anspruchsvol-

77

*Abb. 100 a), b): Pesel
aus Morsum,
17. Jahrhundert.
Der Tisch zeigt
gekreuzte, durch ein
Längsholz verbun-
dene Wangen.
Zur weiteren Aus-
stattung gehören
Dockenstühle, Truhe,
Wandschrank,
Tassenbort, Bett-
wärmepfanne usw.*
(Ernst Sauermann, Alt-
Schleswig-Holstein und
die Freie und Hansestadt
Lübeck, 1911)

a   b

*Abb. 101: Kapitäns-
pesel aus Morsum,
18. Jahrhundert.
Die Füllungen der
Paneele sind um 1750
mit je zwei Bäumen
von ausladenden
Kronen vor Häuser-
gruppen bemalt.
Unter dem Fenster
steht ein Klapptisch,
rechts an der Wand
ein Banktisch mit
einer „Reise-
schatulle" als
Schreibmöbel.*
(Museumsberg Flensburg)

Abb. 102: Pesel aus Keitum, 18. Jahrhundert.
a) Das Paneel über der durchlaufenden Bank ist mit Akanthusranken sowie Blumengebinden aus roten und gelben Blüten im Wechsel bemalt. Davor steht eine Husumer Truhe mit Pfostenstuhl.
(Altonaer Museum in Hamburg)

b) Fliesen mit Sternchenmustern bedecken die Fensterwand vom Fußboden bis zur Decke.
(Altonaer Museum in Hamburg)

a

b

Abb. 103: Pesel aus Borgsum, 1699.
a) Die prächtigen Paneelwände sind marmoriert, Gesimse und Türen reich beschnitzt.
Der Alkoven ragt in den Raum hinein, davor eine Husumer Truhe von 1742.
(Museumsberg Flensburg)

b) Über der Tür links hängt ein Schiffs-porträt, daneben rechts stehen Dockenstuhl und Klapptisch mit Lesepult.
(Walter H. Dammann, Nordelbinger Volkskunst, 1924)

a

lere Rahmenwerk. Blieb das Holz unbemalt, war dies ein Zeichen von Kargheit. Normalerweise gehörte ein Farbanstrich zum Standard. Billiger als das teure Rot oder als Grün war ein blauer Anstrich, der im 19. Jahrhundert dominant gewesen zu sein scheint. Vielfach wurden die Räume dekorativ bemalt. Die Ausschmückung reichte von einfachen Marmorierungen über emblematische und allegorische Themen bis zu Darstellungen biblischer Szenen auf Stubendecken.

Neben der Farbe besaß die Gestaltung der Paneele große Bedeutung. Um 1600 kannte man das sparsam geschnitzte Dekor der Re-

b

Abb. 104: Pesel aus Nieblum, 1637.
Der Raum mit der für das uthlandfriesische Haus typischen Kattschur über dem Fenster, Eckschrank im Winkel der umlaufenden Wandbank, Ausziehtisch und Armlehnstühlen zeigt die typischen Sitzgelegenheiten in solchen Häusern.
(Ernst Sauermann, Alt-Schleswig-Holstein und die Freie und Hansestadt Lübeck, 1911)

naissance mit Schuppenfeldern, Rosetten, Zahnschnitt und Eierstab, wie es auch für die Husumer Truhe bezeichnend ist. Gleichfalls aus dieser Zeit stammen biblische Spruchzeilen wie „BEFIEHL DEM HERRN DEINE WEGE UND HOFF AUF IHN ER WIRDS WOL MACHEN. PS. 37", in denen sich die protestantische Volksfrömmigkeit des 17. Jahrhunderts widerspiegelt. Gleichzeitig traten aber auch Veränderungen in der Paneelgestaltung ein. Die Spundwände wurden durch Rahmenwerk mit aufwendigen Füllungen ersetzt. Es gab jedoch auch Räume, in denen beide Holztechniken nebeneinander zur An-

wendung gelangten, z. B. wenn die Wand im Ganzen gespundet, die beweglichen Teile wie Tür und Bettluken jedoch auf Rahmen und Füllungen gearbeitet waren. Barocke Einflüsse machten sich dort geltend, wo die Wandbettüren Spiegel mit vielstufigem Profil aufwiesen, die an barocke Kleiderschränke erinnern, aber weitaus zurückhaltender blieben.

Der Pesel in der Nordwestecke des Uthlandhauses besaß eine Höhe von 2,36 m bis 2,66 m und als Festraum ein größeres Raumvolumen als die Döns. Daneben diente er als Weberaum für die Frauen und Schlafraum für die Gäste.

Abb. 105: Föhringerin in Tracht vor der Fliesenwand mit Beileger und Armlehnstuhl.
(Elisabeth Adolfine Krüger, Interieur auf Föhr, um 1900/10. Kunsthandlung Messerschmidt, Flensburg)

Abb. 107: Döns, 18. Jahrhundert. Sinnend sitzt der Bauer unter der Kattschur, hinter ihm ein schlichtes, blau bemaltes Paneel mit Alkoven und neben dem Beileger rechts eine Friesische Stühlchenuhr.

(Momme Nissen, Friesische Bauernstube, 1890. Museumsberg Flensburg)

Abb. 106: Döns, 18. Jahrhundert. Deutlich ist die klare Raumgliederung und die sparsame Möbelanordnung dargestellt.

(Carl Ludwig Jessen, Rote Stube, 1892. Kreis Nordfriesland)

Abb. 108: Döns,
18. Jahrhundert. Die
Wände sind gefliest,
der Schrank mit bib-
lischen Motiven reich
verziert. Darüber steht
die Inschrift:
„BEFIEHL DEM
HERRN DEINE WEGE
UND BAUE AUF
IHN: ER WIRDS
WOHL MACHEN.
PS 37,5". Auf dem
Ausziehtisch liegt ein
Gestell mit einem auf-
geschlagenen Buch.

(Carl Ludwig Jessen, Die blaue
Stube, 1912. Nordfriesisches
Museum, Nissenhaus Husum).

Er wurde auch als Abstellplatz für Truhen genutzt. Bei Familienfestlichkeiten räumte man
ihn auf, schmückte und heizte ihn in kalten
Jahreszeiten mit Glutpfannen. Als älterem
Raumtypus hielten sich in ihm länger als in
der Döns die altertümliche Wandbank und
das mehrteilige Fenster, darüber die Katschur.
Der Fußboden bestand früher aus Lehm-
schlag, später aus Ziegeln, zuweilen auch aus
Sandsteinplatten oder sogar belgischem Marmor.

Da es in den Uthlanden keine Wälder gab,
herrschte Feuerungsmangel. Deshalb war es
umso nötiger, Betten, Schränke und andere
Gelasse hinter die Wände zu rücken. Die
Paneele sind offenbar im 17. Jahrhundert vor
allem von Husumer Tischlern hergestellt

worden. Auch im Pesel gab es Wandbetten,
die anfangs noch hoch gelegene Türen hatten.
Etwa seit der Mitte des 18. Jahrhunderts wurden sie bis zum Fußboden hinabgezogen. Die
Wandgliederung bestand aus Bett – Tür – Bett.
Die übrigen Wände waren oft nicht mit Paneelen ausgestattet, sondern nur bemalt.

Im 18. Jahrhundert traten Veränderungen
ein, als in vielen Häusern die Außenwände
und die Ofenwand, schließlich alle gemauerten Wände mit holländischen Fliesen verkleidet wurden. Sie waren vor allem auf den Halligen und den Inseln von Seefahrern mitge-
bracht worden.

Die nordfriesische Döns (auch „Dörns",
„Dörnsch" oder „Dörnsk") war nicht nur
kleiner als der Pesel, sondern auch niedriger.

In ihr fehlte meist die Katschur. Die Wand zum Pesel galt offensichtlich als „Schauwand" (SCHLEE 1983). Deshalb war sie besonders repräsentativ gestaltet. In ihrer Mitte lag die Tür zum Pesel. Beiderseits davon befanden sich Bettüren. Manchmal ließen sich die Betten von Pesel und Döns aus besteigen. Anders verhielt es sich mit der Wand zur Küche, an der der Beilegerofen stand und eine Tür in den Küchenraum führte. Sie ließ eine symmetrische Gestaltung nicht zu. Dafür wies sie hinter dem tiefgeschwärzten Ofen Fliesen auf, die die Wärme speicherten und langsam abgaben. Zu-

weilen deutete auf den Inseln und Halligen ein aus mehreren Fliesen zusammengesetztes Schiffsporträt auf die engen Beziehungen zur Seefahrt hin. Im 18. Jahrhundert wurden vor allem die Außenwände mehr und mehr mit Fliesen aus holländischen Importen belegt, um die von außen eindringende Feuchtigkeit abzuwehren. Sie waren blau oder manganbraun und mit biblischen, später mit landschaftlichen Darstellungen und Tierbildern bemalt.

In Türhöhe liefen an der Bettenwand Bretter mit Kerbschnittfries entlang, auf denen Schmuckteller aufgestellt waren.

Abb. 109: Kleine Stube aus Keitum, 18. Jahrhundert. Auf dem Tisch links steht ein pultartiger, bemalter Schreibkasten. Kapitäne wußten damit umzugehen.
(Altonaer Museum in Hamburg)

85

Abb. 110: Als „Königspesel" bezeichnete Stube auf der Hallig Hooge, um 1767. Eine Frau und ein Mädchen in Tracht sitzen vor dem Alkoven, der mit einem reich figurierten Beiderwandvorhang verschlossen ist. Der Beileger stammt von 1669. Seine obere vordere Platte gibt das Motiv „Christus am Brunnen" wieder.
(Jacob Alberts, Der Königs-
pesel auf Hallig Hooge,
1892. Museumsberg
Flensburg)

Hatte zur Ausstattung der Döns lange Zeit ebenso wie zum Pesel eine Wandbank unter dem Fenster gehört, so verschwand diese im Laufe des 18. Jahrhunderts, und an ihre Stelle rückte der Tisch. In den engen Stuben auf den Halligen fanden sich vor allem Klapptische aus Fichte, die mit Ranken und Blüten oder mit Dame und Kavalier, Mädchen und Mann wie z. B. auf Hooge aus der Zeit um 1770, bemalt waren. Als Sitzgelegenheiten dienten aus Docken zusammengefügte Lehnstühle, die gelegentlich ein Rückenbrett mit Spiegelmonogramm und Jahreszahl trugen und aus Esche oder Buche, Eibe oder Eiche gefertigt waren.

Weit verbreitet dürfte die Husumer Truhe in den Uthlanden gewesen sein. Sie stand auf hohen Seitenkufen und besaß als Abschluß un-

ten vorn ein breites beschnitztes Schrägbrett. Ihr Charakteristikum waren auf der Schauseite an beiden Seiten in mehreren Reihen übereinander verlaufende schmale, horizontale Schuppenbänder. In der Mitte befand sich um das Türschloß herum eine ornamental ausgeschmückte Schnitzerei. Die beiden breiten Mittelfelder waren mit Ornamenten bemalt. Es gab jedoch auch einen Truhentypus, dessen gesamte Vorderseite mit Blattranken und Blüten beschnitzt war. Kürzer und mit flachem Deckel waren Wagen- und Schiffskisten.

Das hölzerne Kleingerät in Nordfriesland war vielfach mit jener Schnitztechnik verziert, die vermutlich erst im letzten Drittel des 19. Jahrhunderts als „Kerbschnitt" bezeichnet worden ist. Es handelte sich um Mu-

ster, die auf geometrische Grundformen zurückgehen. Verziert wurden damit sowohl Gegenstände, die dem weiblichen wie dem männlichen Lebensbereich zuzuordnen sind: Nähkästen und Nadeldöschen, Mangelbretter, Spanschachteln, Löffelborde und Feuerkieken zum Wärmen der Füße für die Frauen, Laden mit Schiebedeckeln für Schreibzeug, Tabak, Gewürze oder Feuerzeug, Döschen für Schwefelhölzer für Männer. Besonders Mangelbretter sind in vielen Exemplaren überliefert. Bezeichnend für Nordfriesland sind die zu Pyramiden angeordneten Rosetten am Kopfende. Hersteller waren wohl weniger Laien als Holzhandwerker. Denn zur Anfertigung benötigte man eine Reihe von Werkzeugen wie Sägen, Hobel, Stecheisen und Bohrer,

ganz abgesehen von Hobel- und Zugbank. Die meisten Objekte sind vermutlich als „Rohprodukte" (LÜHNING 1998) in Werkstätten angefertigt worden, bevor man sie mit Schnitzdekor und einfarbiger Bemalung versah. Von den Laienschnitzern sind nur wenige bekannt. Zu ihnen gehörten die Walfangkommandeure Peter Lohrens (Lorens) von der Insel Röm aus dem endenden 17. Jahrhundert und Lödde Rachtsen von der Hallig Hooge aus der Mitte des 18. Jahrhunderts, die ein ausdrückliches Talent zum Schnitzen besaßen.

Daß die Wohnräume der wohlhabenden Kapitäne auf den Inseln und Halligen noch in der Mitte des 19. Jahrhunderts auf traditionelle Weise eingerichtet waren, geht aus dem Bericht des Reiseschriftstellers Johann Georg

Abb. 111: Döns von der Hallig Hooge, zweite Hälfte 17. Jahrhundert. Über dem Beileger ist ein Schiffsporträt auf der Fliesenwand zu sehen. Der Bettkasten ist reich beschnitzt und ragt weit in den Raum hinein.
(Museumsberg Flensburg)

*Abb. 112: Gerichts-
stube von Nord-
strand, Bemalung um
1735. In ihr wurden
die Gemeinderats-
sitzungen und
Gerichtsverhand-
lungen durchgeführt.*

*a) An der Wand die
Darstellung des
Glaubens mit Kreuz
und Kelch.*
*(Altonaer Museum
in Hamburg)*

*b) Bilder der Caritas
mit kleinen Kindern.*
*(Altonaer Museum
in Hamburg)*

a

Kohl hervor, der 1846 nach dem Besuch eines
solchen Hauses auf Föhr schrieb:

„Das Haus des Alten war so propper und
nett gehalten, wie eine Schiffscajüte; Wände,
Schränke, Tische, Kisten und Kasten, Alles

war mit der erwähnten blauen Ölfarbe angestrichen, der Ofen glänzte wie poliertes Ebenholz, und messingne Thürgriffe, große messingne Schrankknöpfe, messingne Schüsseln
und Geräthe warfen aus allen Winkeln und

b

Abb. 113: Stubenecke von der Bandixwarft auf der Hallig Hooge, 1700/1725.
(Stiftung Schleswig-Holsteinische Landesmuseen, Volkskundliche Sammlungen, Gottorf)

Abb. 114: Alkovenecke von der Okkelütswarft auf der Hallig Hooge, 18. Jahrhundert. Den Alkoven verschließt ein figurenreicher Beiderwandvorhang, rahmen an den Seiten marmorierte Felder ein. Auf den Türfüllungen sind Früchte und ein Schloß mit Turmhaube zu sehen, an der Decke Bemalungen von J. E. Dedichius von 1777.
(Altonaer Museum in Hamburg)

Ecken die hellen Sonnenstrahlen zurück … Gewöhnlich haben sie (die Leute auf Föhr) zwei Hauptzimmer im Hause. Das eine ist das gewöhnliche Wohnzimmer und heißt Dörrinsch (auch Dönse) und das andere, zu welchem hinauf vom Wohnzimmer einige Stufen führen, stellt den Salon oder das Gesellschaftszimmer vor und heißt Pösel (oder Pesel). – Da dieses letztere nur selten benutzt wird, so ist es gewöhnlich ohne Ofen. In ihm hatte der Capitain die Abbildungen der Schiffe hängen, die er im Laufe seines Seelebens commandirt hatte, und dahinter war noch ein Raum mit einer Menge alter großer buntbemalter Kasten oder Koffer, die wie Särge in einer Kapelle arrangiert waren und seine und seiner Frau Kleiderschätze und Leinwandvorräte enthielten"[4].

Als der Reiseschriftsteller Theodor Mügge im gleichen Jahr die Halligen besuchte, fand er ähnliche Zustände vor und hob lobend hervor:

„Eine Werft (Wurt) mit einer Hütte, so reinlich, wie sie nur Friesland sein kann; alles blank und nett, alles sauber und vom Geiste der Ordnung angeregt. Die Wände weiß glänzend und mit Fliesen belegt, die Decke mit blauer Oelfarbe angestrichen, das Bett unter Holzumfassung kajütenartig in der Wand; Tische und Stühle von Holz, aber reingescheuert wie die Dielen, kein Flecken daran zu sehen; und das Häuschen, so klein es ist, sorgfältig unterhalten und ausgebessert"[5].

Daß die Dielen nicht, wie sonst üblich, mit Sand bestreut wurden, lag daran, daß es auf den Halligen keinen gab. Wenn man ihn haben wollte, mußte er mühsam von Amrum herbeigeschafft werden. Das gleiche galt übrigens für Bettstroh, weil kein Korn angebaut wurde.

*Abb. 115: Geest-
hardenhaus in Nord-
friesland.*
(Schleswig-Holsteinisches
Freilichtmuseum)

*Abb. 116: Grundriß
eines Geestharden-
hauses in Nordfries-
land.*
(J. J. H. Lütgens, Kurzgefaßte
Charakteristik der Bauernwirthschaften in den
Herzogthümern Schleswig
und Holstein,1847)

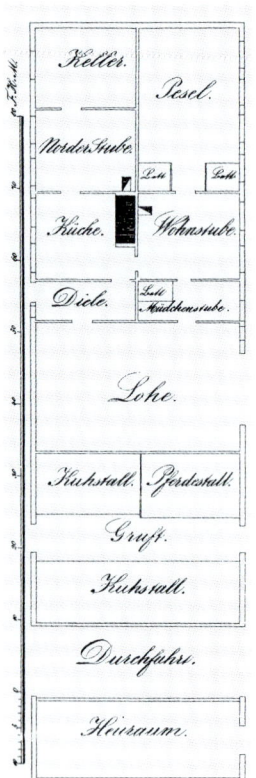

Die südschleswigsche Geest

Sie gehörte verwaltungsmäßig zu den Ämtern Flensburg, Husum, Gottorf, Hütten und zur Landschaft Stapelholm. Vom äußeren Bild her schienen Uthland- und Geesthardenhaus weitgehend übereinzustimmen. Doch es gab erkennbare Unterschiede. Sie bezogen sich zum einen auf die Aufschließung des Wirtschaftsteils von der Querseite her durch eine befahrbare Tenne, zum anderen auf die Gerüstkonstruktion. Denn hier lag das Dach auf einem Wandgerüst oder auf der gemauerten Wand. Zudem wurden die Höfe gern durch einen haken- oder hufeisenförmigen Ausbau erweitert. Doch die Lage des Wohnbereichs stimmte im wesentlichen mit der im Uthlandshaus überein. Der Pädagoge Friedrich Paulsen hat in der erinnernden Schilderung seines Elternhauses in Langenhorn aus der Zeit um 1850 sehr anschaulich darüber und über das Alltagsleben in der Wohnstube zur Winterzeit berichtet:

„Durch die Haustür unter dem Giebel tritt man in die mit Fliesen belegte Vordiele; die Tür zur Rechten führt in die Wohn- oder „Süderstube", eine Tür gradaus in die „Norderstube"; jene ist im Winter, diese im Sommer der gewöhnliche Aufenthaltsort, wo die Mahlzeiten und auch die häuslichen Arbei-

ten, Spinnen, Nähen, stattfinden. Durch die Wohnstube geht es in den mit weißen Fliesen ausgelegten Pesel, der in der Regel nicht gebraucht wird: hier stehen die Koffer und Schränke. Durch die „Norderstube" geht man in die Küche, an die sich der tiefe Keller und darüber die Vorratskammer anschließen. Die glänzend hellblau gestrichene Wohnstube ist zugleich die Schlafstube der Eltern, das Bett, ein eingemauertes Wandbett, wie es damals noch überall Sitte war, abschließbar durch Vorhänge oder Holztüren. Hier steht der eiserne Ofen, anfänglich ein sogenannter „Beileger", der von der dahinterliegenden Küche aus geheizt wird, die Wände mit biblischen Darstellungen geziert, später ein moderner Aufsatzofen, in dem im Winter der Teekessel beständig brodelt. Am Winterabend sammelt sich die ganze Familie um den großen Klapptisch am Fenster, auf dem eine Talgkerze brennt, welche die Mutter selbst gegossen hat. Der Vater liest die Zeitung, die Mutter näht oder spinnt, die Magd kardet (kämmt, K. D. S.) Wolle, der Knecht liest oder raucht im Hintergrund seine Pfeife, und ich mache Schularbeiten oder lese in einem Geschichtenbuch. Den Schluß macht um 9 Uhr ein Abschnitt aus Goßners „Schatzkästlein" oder in einem Erbauungsbuche, den der Vater vorliest"[6].

Wenige Kilometer östlich von Husum liegt

Abb. 117: Pesel aus Winnert, 1702.
a) Links eine prächtig beschnitzte Schenk-schiewe aus der Renaissance, auf dem Banktisch rechts eine Haubenschachtel.
(Museumsberg Flensburg)

b) Auf den Gesims-brettern oberhalb des Paneels Teller, die von Gästen bei Festlichkeiten als Geschenke mitge-bracht wurden. Im Vordergrund vor den umlaufenden wand-festen Bänken ein Banktisch.
(Ernst Sauermann, Alt-Schleswig-Holstein und die freie und Hansestadt Lübeck, 1911)

93

Abb.118: Pesel aus Brook bei Viöl, zwischen 1700 und 1750.
a) Die Figuren rechts auf dem Paneel stellen Christus, zehn Apostel, die Evangelisten Marcus und Johannes (1914 ergänzt) sowie Timotheus dar. Die mittlere, bunt bemalte Truhe stammt von der Insel Röm.
(Altonaer Museum in Hamburg)

b) Links im Vordergrund ein mächtiger Banktisch, im Hintergrund eine Schenkschiewe von 1696 mit friesischer Flachschnitzerei.
(Altonaer Museum in Hamburg)

Abb. 119: Döns aus Klockries, 18. Jahrhundert. Der Fußboden besteht nur aus einfachen Ziegelsteinen, das Paneel ist schmucklos. Links neben dem Beileger hängt eine friesische Stühlchenuhr.
(Carl Ludwig Jessen, Stube in Klockries, 1912. Privatbesitz)

a

b

119

120

122

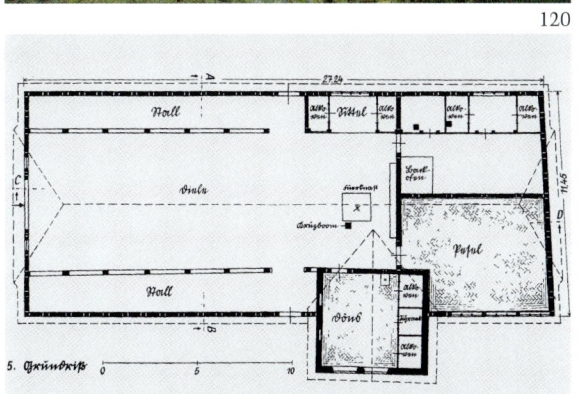

121

123

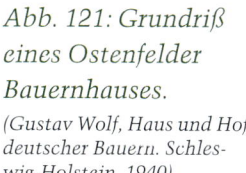

Abb. 120: Ostenfelder Bauernhaus.
(Die Kunstdenkmäler des Kreises Nordfriesland, 1939)

Abb. 121: Grundriß eines Ostenfelder Bauernhauses.
(Gustav Wolf, Haus und Hof deutscher Bauern. Schleswig-Holstein, 1940)

Abb. 122: Pesel aus Ostenfeld, 1789. Im Hintergrund steht eine Schenkschiewe mit der Darstellung des Heiligen Abendmahls, daneben und um den Tisch Ostenfelder Stühle.
(Ernst Sauermann, Alt-Schleswig-Holstein und die Freie und Hansestadt Lübeck, 1911)

Abb. 123: Döns aus Ostenfeld, 18. Jahrhundert. Auffallend sind die rankenartigen floralen Motive auf dem Paneel, vor dem Alkoven rechts ein mächtiger Armlehnstuhl.
(Walter H. Dammann, Nordelbinger Volkskunst, 1924)

Abb. 124: Flett mit Lucht aus Ostenfeld, 19. Jahrhundert. Auch außerhalb von Pesel und Döns waren Alkoven untergebracht.
(Richard von Hagen, Im Ostenfelder Haus, 19. Jahrhundert. Privatbesitz)

124

95

Abb. 125: Döns
aus Borsbüll,
18. Jahrhundert.
a) Die geschwunge-
nen Alkoventüren
werden von einem
kunstvoll durch-
brochenem Sims
bekrönt.
(Foto Dieter Schmidt-Som-
merfeld. Schleswig-Holsteinisches Freilichtmuseum)

b) Über dem Beileger
hängt ein Tassenbord.
(Foto Dieter Schmidt-Som-
merfeld. Schleswig-Holsteinisches Freilichtmuseum)

Abb. 126: Brautkammer aus Schafflund, um 1760. Im Hintergrund steht ein gußeiserner Ofen aus dem ausgehenden 18. Jahrhundert mit modischem Dekor. Die Alkoventüren rechts zeigen in Grisaillemalerei den Glauben mit Kreuz und Buch und Caritas als Mutter mit drei Kindern.
(Museumsberg Flensburg)

das Kirchspiel Ostenfeld in der Südergoesharde, das einst von niederdeutschen Fachhallenhäusern geprägt war. Wegen der Verkehrsferne hielt sich hier bis etwa um 1900 eine bäuerliche Wohnkultur, die von der einstigen Wohlhabenheit ihrer Bewohner zeugt. Die letzten in Museen noch vorhandenen Stubeninventare belegen die einstige wirtschaftliche Prosperität ihrer Bewohner.

Der Pesel war ein mächtiger Raum von 7,25 x 5,5 m Fläche mit drei Fensterachsen und einem Paneel, das die Wand in dreiviertel Höhe bedeckt, während im oberen Viertel das Fachwerk der Außenwand des Kammerfaches erkennbar wurde. Auf den Simsleisten waren Fayencen und Zinngeschirr aufgestellt. In der Mitte der Wand stand eine reich beschnitzte Schenkschiewe im Renaissancestil, die aus einer Husumer Tischlerwerkstatt stammte. Unterhalb der Fenster verlief eine wandfeste Bank. Zur Ausstattung gehörten ferner eine große Truhe auf Kufen und mit vier Feldern auf der Schauseite, ein schwerer Tisch mit

Kugelfüßen und jene Armlehnstühle, die für Ostenfeld so charakteristisch waren: dicke, gedrechselte und niedrige Pfosten, breite, derbe Rückenlehnen, entweder massiv oder durchbrochen, am oberen Rand ausgesägte Knöpfe, darunter verschiedene urtümlich wirkende Motive in Flachschnitt oder Aussägearbeit, mit pflanzlichen Motiven oder Lebensbaumformen mit Herzen und Vögeln oder Reihen einfacher Stechschnitte. Meist gehörte auch der Name von Braut und Bräutigam mit der Jahreszahl der Eheschließung dazu. Denn die Ostenfelder Stühle waren Hochzeitsstühle, die offenbar im Dorf hergestellt wurden und nicht im naheliegenden Husum. So altertümlich diese rotbraun bemalten Stühle aus Esche oder Buche auch wirkten, sie kamen doch wohl erst Ende des 18. Jahrhunderts in Gebrauch und blieben es bis nach 1850.

Die Döns konnte mit Fliesen in Manganbraun oder Blau an der Beileger- und an der Fensterwand verkleidet sein, während die

Abb. 127: Schlafkammer aus Schafflund, um 1783. Über der Tür befindet sich eine Lünette mit einer Rocaille, über dem Rundbogen eine Kartusche mit Siegesputto.

(Foto Ilse Krohn. Kai Detlev Sievers, Schleswig-Holsteinische Bauernstuben, 3. Aufl. 1980)

einstimmung. Das Gemach hat nicht nur Fenster von solcher Größe, daß sie fast die ganze vierte Wand über der Banklehne einnehmen, sondern es ist auch mit Brettern gedielt.

Außerdem war von vornherein hier ein eiserner Beilegerofen aufgestellt mit messingnen Schrauben und einem Stulp aus Messing, ein runder Klapptisch mit geschweiften Beinen und einige niedrige gedrechselte Lehnstühle mit prunkenden gestickten Polstern. Ein späterer Bewohner fügte eine polierte Schatulle mit Aufsatz hinzu, und da dieß Prachtstück für das Zimmer zu hoch war, sägte man ein Loch in die Decke und überdeckte es mit einem Kasten. Im Laufe der zwanziger Jahre wurden in ähnlicher Weise wie die Wohnstube Peter Heldts viele andere ausgestattet"[7].

Angeln

Diese Landschaft stellt in hauskundlicher Hinsicht eine Besonderheit in Schleswig-Holstein dar. Als breite Halbinsel zwischen der Flensburger Förde, der Ostsee und der Schlei grenzt sie sich nach Westen ungefähr durch die alte Landstraße von Flensburg nach Schleswig ab. Im südlichen Teil herrscht eine Mischbauweise vor, bei der der Wirtschaftsteil als Zweiständerbau, der Wohnteil jedoch als Wandständerhaus aufgeführt ist. Im Norden Angelns ist ausschließlich das Wandständerhaus verbreitet, dessen Außenwände seit der zweiten Hälfte des 18. Jahrhunderts in Massivbauweise aufgeführt wurden. Als der schleswig-holsteinische Landinspektor Friedrich Otte im Sommer 1791 eine Fußreise durch Angeln unternahm, beeindruckte ihn die Wohlhabenheit der Angeliter Höfe, und er sprach vom "guten Ansehn und beträchtlicher Größe" ihrer Gebäude. Auch im Staatsbürgerlichen Magazin findet sich 1823 eine Angabe, die belegt, daß der Wohnteil des Nordangeliter Hauses über viel Platz verfügte:

"Die südliche Seite der Wohngelegenheit enthält: eine Stube von 3 Fächern mit Bettstellen, einen Saal (Pesel) von 4 Fächern und die sogenannte Brautkammer von 2 Fächern.

Bettwand mit einem bis zur Decke reichenden, über und über mit Rokokoschnitzereien versehenen Paneel bekleidet war. Zwischen den beiden Wandbetten befand sich die Tür zu einem begehbaren, tiefen Wandschrank.

Der dänische Hausforscher Richard Meiborg beobachtete in den 1880er Jahren, daß man hundert Jahre zuvor in Ostenfeld damit begonnen hatte, eine kleine Stube einzurichten, um sich vom Gesinde abzusondern. Sie wurde entweder in einem Anbau neben dem Pesel untergebracht oder in einer der Siddels (Seitenabteil neben dem Herd). Er schilderte den Raum im Haus des Peter Heldt von 1789 als bunt wie der "märchenhafte Turm zu Toledo":

"Eine Wand grün, eine blau, eine lila. Die Wirkung ist umso gewaltiger, da die beiden letzten Seiten mit blanken holländischen Fliesen bekleidet sind, die die bekannten biblischen Bilder zeigen, – und die erste – Bettenwand – mit Ölfarbe angestrichen und mit geschnitzten Rokokoverzierungen überladen ist. Die übrige Ausstattung steht damit in Über-

Abb. 128: Süd-angeliter Haus mit Wohnteil in Wand-ständerbauweise und Wirtschaftsteil als Fachhallenbau.
(Landesamt für Denkmal-pflege Schleswig-Holstein)

Die nördliche Seite enthält die Küche und Milchkammer von 3 bis 4 Fächern, eine Norder Stube von 3 Fächern mit Bettstellen, eine kleine Polterkammer (Rumpelkammer, K. D. S.) und hinten eine Dienstbotenkammer mit Bettstellen und einem Ausgange nach dem Obstgarten. Man sieht hieraus, daß der Angler sehr geräumig wohnt"[8]. Wohn- und Wirtschaftsteil sind wie beim nordfriesischen Langhaus durch die Vordiele (Flur) mit Eingangstür an einem oder beiden Enden voneinander getrennt. Durch sie gelangte man in die Küche und von dort aus in die Wohnräume. Über Funktion und Ausstattung des Pesels schrieb Alexander v. Lengerke 1826 in seinem zweibändigen Werk „Die Schleswig-Holsteinische Landwirthschaft":

„Vor allem ist der sogenannte Pesel als Saal und Prunkstube des Hauses bemerkenswerth. Hier werden in vielen buntbemalten Laden und Kisten der Hausfrauen Schätze an Linnen, flächsernen und wollenen Zeugen, welche oft von der Urmutter auf die Enkelin unbenutzt

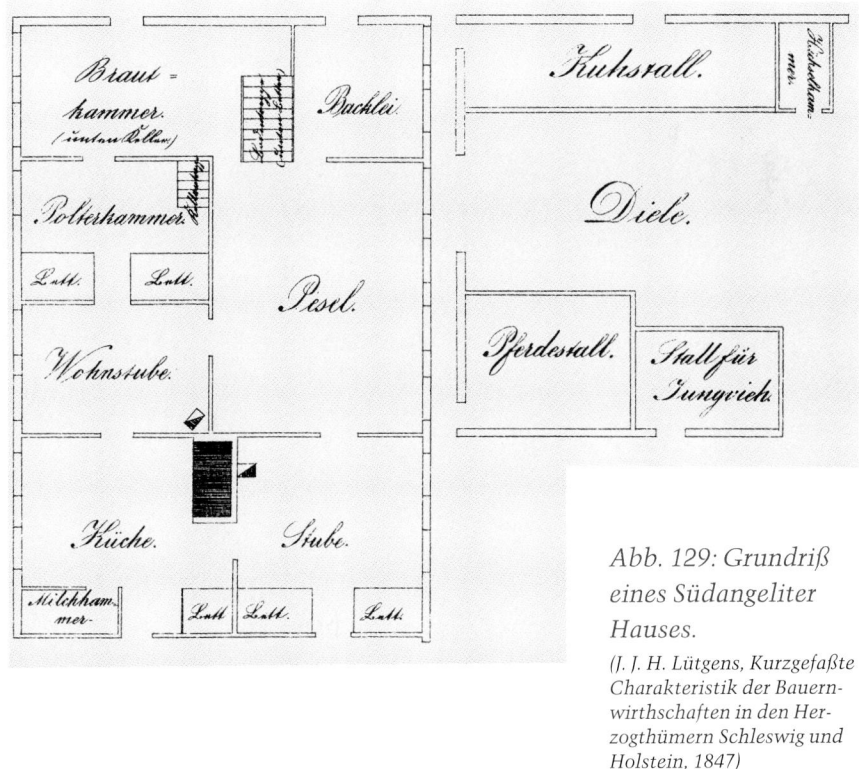

Abb. 129: Grundriß eines Südangeliter Hauses.
(J. J. H. Lütgens, Kurzgefaßte Charakteristik der Bauern-wirthschaften in den Her-zogthümern Schleswig und Holstein, 1847)

Abb. 130: Wand-
ständerhaus
in Angeln.
(Landesamt für Denkmal-
pflege Schleswig-Holstein)

forterben, aufbewahrt. Außerdem prangt dort das kostbare Hausgeräthe, oft wunderlich durcheinander zusammengestellt. Viele Hausmütter entschließen sich nur bei besonders festlichen Gelegenheiten, ihr Staatszimmer den sich versammelnden Gästen Preis zu geben"[9].

Der eigentliche Wohnraum war die „Süderstube", in der die Familie schlief und die durch einen Beileger beheizt wurde. Dazu bemerkte wiederum Alexander von Lengerke:

„Selbst das tägliche Wohnzimmer ist in der Regel hell und geräumig, welches auch besonders nothwendig, weil es zugleich als Schlafkammer dient. Allgemein sind in den Wänden Bettschränke, welche bei Tag zugeschoben werden"[10].

Daß die Wohnräume hell, geräumig und sauber waren, beeindruckte viele Zeitgenossen im 18. und 19. Jahrhundert. Richard Meiborg hingegen fand sie um 1888 eher gleichartig und ohne Besonderheiten. Ihm verdanken wir allerdings eine ausführlichere Charakterisierung der Einrichtung von Nordangeliter

Stuben. Demnach stand in der Süderdörns zwischen den durch Türen oder Vorhängen verschlossenen Wandbetten oft ein Speiseschrank. Unter dem Fenster gab es eine lange, feste Bank, davor einen langen und breiten Tisch mit gekreuzten oder schweren gedrechselten Beinen. Der Fensterwand gegenüber befanden sich der mit einer Messingschüssel gezierte Beileger und als Möbel selbstverfertigte Lehnstühle und eine Stubenuhr. Im hin und wieder bunt angestrichenen Pesel befanden sich außer Tisch und Bänken, Schränken und Kisten ein Paar eingebaute Betten. Noch ausführlichere Angaben über Einrichtung, Ausstattung und Benutzung von Döns und Pesel lassen sich einer Beschreibung von 1903 entnehmen:

„In der Wohnstube war wie in allen übrigen Wohnräumen die Diele mit Ziegelsteinen gepflastert. Die Betten waren in Wandbettstellen mit „Schotten" (Schiebetüren, K. D. S.) davor untergebracht, und zwischen denselben befand sich der „Knater" als Kleider- oder Polterraum (Rumpelkammer, K. D. S.). Der große

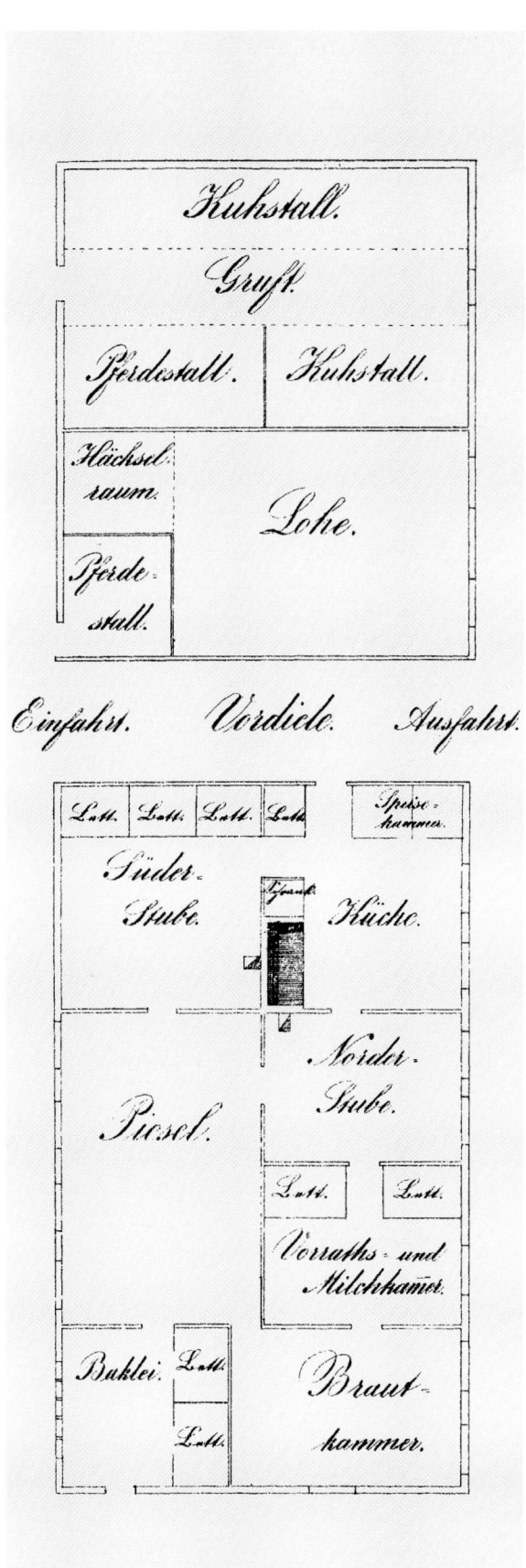

Ofen, mit biblischen Bildern geziert und mit Bratofen versehen, stand auf hohen Füßen gegen die Schornsteinwand, und in der Ecke hinter demselben hatte der hölzerne Lehnstuhl mit buntem Kissen für den Hausvater seinen Platz. An der Fensterwand stand eine lange eichene Truhe („de Grüttbank"), in welcher der Vorrat an Brot, Grütze, Mehl usw. aufbewahrt wurde, und die zugleich als Bank diente. Vor derselben stand der lange Stubentisch mit den Schiebladen, in welchen Messer, Gabeln, Löffel, das angeschnittene Brot und die Butter lagen. Einige Stühle, meistens hölzerne, auch wohl mit dem Sitz aus Strohseilen geflochten, standen an den Wänden umher. Am oberen Ende des Tisches stand an der Peselwand in hohem Gehäuse die Stubenuhr. Auf der um die Stube oben herumlaufenden Riole (Holzbrett, K. D. S.) hatten verschiedene Geräte und Gebrauchsgegenstände ihren Platz. Mehr Mobiliar war nicht vorhanden, konnte auch wegen der mangelnden freien Wandfläche nicht angebracht werden.

Im Pesel standen an den Wänden umher die Schränke mit den besten Kleidern und die Koffer voll von Leinen, Bettzeug und Kleidervorrat, dem Stolze der Hausfrau, die bemüht war, alljährlich diesen Schatz zu vermehren und zur Aussteuer der Kinder zu sammeln. Die Stühle standen unter den Fenstern, das Fremdenbett befand sich in der Wand, die steinerne Diele war weiß gescheuert und mit Sand bestreut. Die Fenster waren im ganzen Haus ohne Gardinen. In diesem Staatsraum des Hauses wurden die Feste gefeiert, welche den Anfang, die Höhe und das Ende des Lebens der Familienmitglieder bezeichnen: die Taufe, die Hochzeit und das „Erbbier" (Totenschmaus). Dazwischen fielen die regelmäßigen Schmäuse der Verwandten zur Schlachtzeit und die außerordentlichen „Brautschmäuse" bei Verlobungen[11].

Vielleicht waren die Stuben in den Wandständerhäusern oder Massivbauten Angelns seltener mit Paneelen ausgestattet als in solchen anderer Landschaften. Jedenfalls sind nur noch wenige davon erhalten geblieben, so drei aus dem 17. Jahrhundert. Sie stammen aus Langballigau, sind auf Rahmen gearbeitet

Abb. 132: Paneel
aus Süderholz,
18. Jahrhundert.
Rote Pilaster mit
pyramidenförmigen
Aufsätzen rahmen
Wandschrank links
und Alkoven rechts
von der Tür ein.
(Foto Dieter Schmidt-Som-
merfeld. Schleswig-Holsteinisches Freilichtmuseum)

und entsprechen dem Stil, wie er damals im Lande üblich war. Danach tauchen erst wieder Alkovenpaneele aus dem letzten Viertel des 18. Jahrhunderts auf. Sie weisen die Anordnung von zwei oder drei Flügeltüren nebeneinander für Wandbetten auf. Über grün bemalten, von marmorierten Pilastern eingefaßten, zweifeldrigen, hohen Türen konnten sich beschnitzte Bekrönungen mit Rocaillen und Vögeln befinden. Nicht nur die Innen-, sondern auch die Außenwände unter den Fenstern waren mit Holz und nicht mit Fliesen verkleidet. Die Paneele sollen in der Regel mit leuchtenden Farben, häufig in Englisch-Rot, bemalt gewesen sein.

Unter den Angeliter Möbeln waren die Brauttruhen mit der für die Spätrenaissance kennzeichnenden senkrechten Aufteilung durch Pilaster in vier Felder und mit einem darüber liegenden Gesims in streng architektonischer Gliederung, aber ohne figürliche Schnitzerei, bemerkenswert. Sie könnten auf einen Gesellen aus der Werkstatt des Flensburger Schnittgers Heinrich Ringerink (circa

1565/70–1629) und seines Sohnes Johan (gest. 1685) zurückgehen, deren Arbeiten im Herzogtum Schleswig weit verbreitet waren. Eine gewisse Angeliter Besonderheit waren auch Koffer mit geraden Wänden in Eiche, eisenbeschlagen und mit Bemalung auf grünem, später bräunlichem Grund. Gustav Wolf (1979) weist zwar darauf hin, daß die Möbelausstattung in den Angelner Stuben denkbar einfach gewesen sei, nennt aber doch einige Eigentümlichkeiten wie den Tresor, ein dreischenkliges Bord für Porzellan, den schweren Eichentisch mit gedrehten Beinen, die aufklappbare Sitzbank, in der Lebensmittel aufbewahrt wurden, Holzstühle mit Strohsitzen und vor allem die Standuhr, deren Zifferblatt zuweilen außer der Zeit auch Datum und Mondwechsel anzeigte. Viele Uhren sind in Angeln selbst hergestellt worden. Gegen Ende des 19. Jahrhunderts traten mit der Modernisierung des Lebensstils auch im Angeliter Wandständerhaus auffallende Veränderungen ein, ohne daß damit alle Überlieferungen über Bord ge-

Abb. 133: Paneel aus Langballig, 17. Jahrhundert. Es gehörte vermutlich in einen Pesel. Aufbau und Schnitzwerk entsprechen dem landestypischem Dekor dieser Zeit. Eine Besonderheit stellen die eingelegten Sterne in den hochrechteckigen Füllungen dar.
(Museumsberg Flensburg)

worfen wurden. Ein Zeitgenosse erinnerte sich daran :

„An Stelle der Lehmfußböden wurden in Wohn-, Schlaf- und Fremdenzimmern, auch in Küchen, Fliesen- und Steinfußböden gelegt. In den Wohnzimmern verschwanden die eingebauten Alkoven. Die Fremdenzimmer waren nur einfach ausgestattet mit Bett, Tisch, Stuhl, Bank. Die Kistenkammer aber blieb der Stolz der Hausfrau mit großen Kleiderschränken und mehreren alten Kisten und Koffern. Anzüge, Mäntel und Kleider füllten die Schränke, die Kisten und Koffer aus Eichenholz mit Schmiedekunstbändern, manche davon Erbstücke aus Groß- und Urgroßmutters Zeiten, waren prall gefüllt mit Linnenzeug und Hauswäsche. An die Stelle der muffigen Alkoven traten luftige Schlafzimmer mit frei-

stehenden Betten. Nicht lange, und die Steinfußböden waren in den Wohnzimmern verschwunden und durch Bretterfußböden ersetzt. – Noch in den 70er Jahren gab es keine Gardinen. Die Fenster wurden von außen mit Jalousien oder von innen mit Rollos verdunkelt, nicht selten auch fehlte in engeren Verhältnissen das eine wie das andere. In den 80er Jahren kamen die ersten Gardinen oder „Stores" zum Vorschein, erst zaghaft und kritisch betrachtet, doch bald folgten andere nach"[12].

Als sich in Angeln seit dem 18. Jahrhundert unter Einflüssen aus dem westlichen Schleswig und wegen Bauholzmangel der Massivbau zu verbreiten begann, entwickelte sich ab 1800 in Gegenden mit höherer Bodenbonität etwas für die bäuerliche Architektur gänzlich Neues: die Dreiseithofanlage, eine achsialsymmetri-

Abb. 134: Wohnhaus
einer Dreiseit-
hofanlage in Angeln.
(Landesamt für Denkmal-
pflege Schleswig-Holstein)

Abb. 135: Grundriß
des Wohnhauses
einer Dreiseit-
hofanlage in Angeln.
(J. J. H. Lütgens, Kurzgefaßte
Charakteristik der Bauernwirthschaften in den Her-
zogthümern Schleswig und
Holstein, 1847)

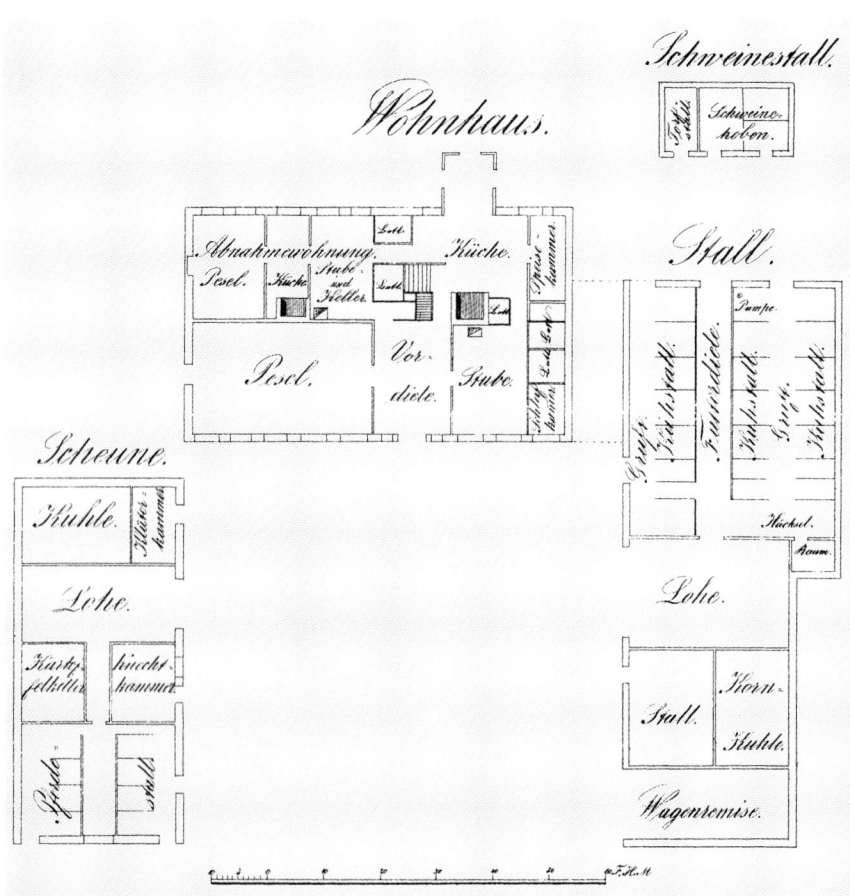

sche, regelmäßige Anordnung mit zurücklie-
gendem Wohnhaus als Mittelpunkt gegenüber
der Einfahrt und zwei gleichen, flügelartig zur
Straße hin vorspringenden Wirtschaftsgebäu-
den. Vorbilder waren kleinere Gutshöfe, Mei-
erhöfe und ländliche Pastorate. Anregungen
entnahmen die Landbaumeister und Hand-
werksmeister offensichtlich auch der klassizistischen Wohnhausarchitektur und seit dem
Ende des 19. Jahrhunderts dem Stilpluralismus
städtischer Bauweise (HAGEMEIER-KOTTWITZ
1982). Beim Wohnhaus des Angeliter Dreiseithofes handelte es sich um ein mehrachsiges,
massiv aus roten oder gelben Handstrichzie-
geln errichtetes Traufenhaus mit reetgedeck-
tem Krüppelwalmdach mit Hängehölzern
(kreuzweise verbundene Eichenknüppel zur
Befestigung des Daches) auf dem First. Die repräsentative Schauseite war durch einen breiten Mittelrisalit mit portalähnlicher Türum-
rahmung und reich ornamentierter, beschnitzter, zweiflügeliger Haustür gegliedert.

Der Grundriß des Hauses bestand in der Regel aus zwei hintereinander liegenden Zim-
merfluchten, die repräsentativen Zwecken,

Abb. 136: Saal im Wohnhaus einer Angeliter Dreiseithof- anlage, 1920er Jahre. Die Ausstattung mit Gipsbüste und Kachelofen links, bemalter Decke und Kandelaber sowie Porträtfotos im Hintergrund stammt aus dem ausgehen- den 19. Jahrhundert. (Landschaftsmuseum Angeln in Unewatt)

dem alltäglichen Wohnen, der Hauswirt- schaft und als Abnahme (Altenteil) dienten. Zum repräsentativen Bereich kann man Ein- gangsdiele, Saal und Beste Stube zählen. In der Diele stehen z. T. auch heute noch überlie- ferte Möbelstücke des 18. Jahrhunderts wie Kleiderschränke, Truhen und Standuhren, die als Statussymbole für einen großbäuerlichen Haushalt gelten können. In älteren Häusern gab es in den Dielen in Öl auf Putz gemalte Su- praporten, die Phantasielandschaften, Ge- bäude in Landschaften oder den eigenen Hof wiedergaben.

Der größte Raum im Haus war der sog. Saal mit vier Fensterachsen, den man als Festraum mit großer Tafel bei Jahres- und Lebensfesten benutzte. Hier wurde auch die Leiche aufge- bahrt. Über die Wandgestaltung des Saals ist wenig bekannt. In einigen älteren Häusern gab es großformatige wandfeste Gemälde z. B. mit Phantasielandschaften, seit der zweiten Hälfte des 19. Jahrhunderts an Decken und Wänden in allen repräsentativen Räumen mehrfarbige Schablonenmalerei, oder nur die Wände waren in lackartigem dunklen Rot und

Grün gestrichen. Wenn noch Wandtäfelungen auftauchen, dürften sie eher aus einem Vor- gängerbau stammen. Zum alltäglichen Wohn- bereich gehörte das Eßzimmer, meist neben der Küche. Dort aßen alle Mitglieder der Hausgemeinschaft. Gab es jedoch noch eine Leutestube, so versammelten sich dort der Hausherr und das männliche Gesinde zum Es- sen, während Hausfrau, Kinder und weibli- ches Gesinde im Eßzimmer Platz nahmen. Um das Geschehen auf dem Hofplatz beob- achten zu können, lag das tägliche Wohnzim- mer nach dorthin ausgerichtet. Dieser Raum war am Abend der Familie und dem weib- lichen Personal vorbehalten, wie aus einer Aufzeichnung für die Mitte des 19. Jahrhun- derts hervorgeht:

„Abends saßen um 1850 alle Hausbewoh- ner in der geheizten Stube des Bauern „um des Lichts gesell'ge Flamme" mit irgend- einer Beschäftigung: die Hausfrau und die Mädchen mit Stricken oder Spinnen von Wolle und Flachs. Bis 1/2 10 Uhr mußten die Mädchen pflichtgemäß diese Arbeit für die Hausfrau verrichten, damit sie einen genü-

Abb. 137: Wohnzimmer vermutlich im Wohnhaus einer Angeliter Dreiseithofanlage, 1920er Jahre. Während die Sitzgarnitur dem zweiten Biedermeier entstammt, weist die Lampe über dem Tisch darauf hin, daß inzwischen die Elektrizität Einzug gehalten hat.
(Landschaftsmuseum Angeln in Unewatt)

genden Vorrat für die Aussteuer der Kinder zusammentragen konnte. Erst danach durften die Mädchen ihre eigene Näh- und Strickarbeit vornehmen ... Der Hausherr hatte im wachstuchgepolsterten Sofa den Ehrenplatz. Dafür las er denn zur Unterhaltung und Belehrung etwas vor aus dem Wochenblatt oder vom „Hinkenden Boten" oder dem „Spinnstubenkalender weil sonst die Unterhaltung wohl etwas einschichtig geworden wäre"[13].

Besaß das Wohnhaus der Angeliter Dreiseithofanlage ohnehin schon „moderne" Züge, weil es isoliert vom Wirtschaftsbereich ganz für sich stand, so bestätigt sich dieser Eindruck noch dadurch, daß es wohl anfangs noch Wandtäfelungen gab, aber statt wandfester Betten in den Stuben bald eigene Schlafzimmer. Diese Einrichtung geht zweifellos auf das bürgerliche Vorbild städtischer Wohnungen zurück. Die Entwicklung dahin beschleunigte sich gegen Ende des 19. Jahrhunderts immer mehr und führte nach dem Er-

sten Weltkrieg dazu, daß der alte Hausrat gänzlich verschwand. Was ein Beobachter in dieser Hinsicht über Angeln in den 1920er Jahren bemerkte, gilt jedoch nicht nur für Angeln, sondern gibt die Situation der bäuerlichen Wohnkultur in Schleswig-Holstein ganz allgemein wider, die sich allmählich von tradierten Formen zu lösen begann und Neuerungen aufnahm:

„Die Mobilien, früher einfach, aber höchst solide gearbeitet, werden jetzt in jedem Bauernhaus in eleganter, moderner Ausstattung angetroffen: mit Sammet und Plüsch gepolsterte Stühle und Sofas, an den Fenstern überall Gardinen, statt der alten eichernen Truhen und Koffer zierliche Schränke, statt der alten strohgefüllten Wandbetten moderne Bettstellen mit bequemen Matratzen und feinstem, spitzenverziertem Leinenzeug, statt der eisernen Beileger mit allerlei Schmuck verzierte Kachelöfen oder einfachere Regulieröfen, statt des Steinherdes bequeme und praktische eiserne Sparherde"[14].

Abb. 138:
Schwansener Haus.
(Landesamt für Denkmal-
pflege Schleswig-Holstein)

Schwansen

Diese kleine Halbinsel an der Ostküste Schleswig-Holsteins grenzte sich im Norden von Angeln durch die Schlei und im Süden vom Dänischen Wohld durch die Eckernförder Bucht ab. Mit der Ausbreitung der Leibeigenschaft im Laufe des 16. Jahrhunderts hatte sich ein adeliger Güterdistrikt mit ausgeprägter Gutswirtschaft gebildet. Weder Voll-, noch Halb- oder Viertelhufner waren dort Besitzer ihrer Stellen, sondern nur Verwalter und mußten dem Gutsherrn mit Knechten und Gespannen zur Verfügung stehen. Als Hörige besaßen sie keine Freizügigkeit und konnten sogar an einen anderen Herrn veräußert werden. Mit der Aufhebung der Leibeigenschaft im letzten Drittel des 18. Jahrhunderts wurden die Bauern zwar zu Zeitpächtern, blieben aber wirtschaftlich stark vom Gutshof abhängig. Erst seit dem letzten Drittel des 19. Jahrhunderts konnten Erbpächter ihre Pacht über die Rentenbank

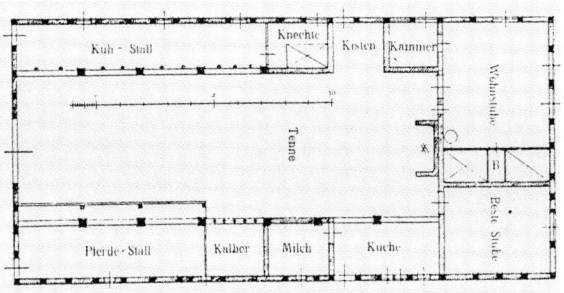

Abb. 139: Grundriß
eines Schwansener
Hauses.
(Das Bauernhaus im
Deutschen Reich, 1906)

ablösen und zu freien Besitzern werden und sich in Landgemeinden zusammenschließen, während Zeitpächter weiterhin den Gutsbezirken zugeordnet blieben.

Als Haustyp herrschte in Schwansen eindeutig das Sackdielenhaus vor. Im Güterdistrikt wohnte man in der Hörn, einem offenen Raum seitlich vom Herd. Der Überlieferung nach ließ Johann Rudolph von Ahlefeldt auf seinem Gut Saxdorf erstmals um etwa 1760 im Haus eines Hufners und Bauernvogts eine „Dörns" einbauen (Kock 1937), die allgemein bestaunt wurde. Dagegen gab es im königlichen Anteil

Abb. 140: Stube aus Kosel in Schwansen, 19. Jahrhundert. Die Doppeltür links mit den Sprossenfenstern gibt dem Raum eine gewisse Großzügigkeit, daneben ein Schreibschrank, im Vordergrund eine Polstergarnitur des ausgehenden 19. Jahrhunderts.

(Foto Dieter Schmidt-Sommerfeld. Schleswig-Holsteinisches Freilichtmuseum)

der Landschaft längst Stuben. Wie es darin aussah schilderte der Heimatforscher Christian Kock 1912 in seiner Volks- und Landeskunde der Landschaft Schwansen:

„Die größere Stube diente in der Regel als Wohnzimmer, die kleinere als „beste Stube", zuweilen auch als Abnahme (Olenpart). Die Fußböden bestanden aus gestampftem Lehm und wurden nach dem Ausfegen mit weißem Sand bestreut. Kamen die in dem Lehm enthaltenen Steine zu sehr zum Vorschein, so wurden sie mit einem Hammer tiefer eingeschlagen. Fußböden aus Ziegelsteinbelag wurden als komfortabel betrachtet. Nicht immer war die Zimmerdecke aus Brettern gebildet. Billiger und wärmer war der Winnelböhn. Hierbei dienten als Decke mit Stroh umwundene Holzstangen (Schleten), die man unten mit Kalk, oben mit Lehm bewarf. Entweder an der Seitenwand oder auch zwischen beiden Stuben befanden sich in schrankähn-

lichen Gelassen die (inmakte) Betten, die durch Holztüren oder Vorhänge geschlossen werden konnten. Auf einer Strohunterlage sah man pralle Federbetten. Warm waren diese Lagerstätten, die fast immer zweischläfrig eingerichtet waren, aber auch unreinlich und ungesund. Von der einen Stube, manchmal aber auch von beiden führte ein kleines Fenster hinaus nach der großen Diele (Kiekfenster). Durch dieses kleine Fenster konnte man alle Vorgänge auf der großen Diele überschauen. Um die Diele zu erhellen, setzte man abends in dies Fenster ein Licht. Werfen wir noch einen Blick auf die innere Einrichtung der Stuben! Wir finden da zunächst einen Ofen. Da die aus ungebrannten Lehmziegeln (roge Sten) erbauten Öfen sich bald als unpraktisch erwiesen, hielt der Bilegger seinen Einzug. Er bestand aus einem viereckigen, eisernen Kasten mit hohem Holz- oder Eisenfuße und wurde vom Herd

aus gefüllt. Sehr häufig trug er einen Aufsatz aus ungebrannten Lehmziegeln, der gleich den Wänden der Stube weiß getüncht war. Der Aufsatz ließ gewöhnlich den mittleren Teil der oberen Ofenplatte frei. Der so entstandene Raum diente zum Warmsetzen der Speisen, zur Aufnahme von Bratäpfeln und dergl. Die drei Seiten des eigentlichen Beilegers waren nicht selten mit gegossenen biblischen Bildern oder Darstellungen aus der Sage verziert. Unter den Fenstern stand meistens eine eichene Bank, die in ihrem unteren Teile eine einfache, hölzerne Lade bildete, bestimmt zur Aufnahme von Leinwand und dergl. Vor der Bank stand ein derber, langer Holztisch. Die wenigen Stühle hatten in der Regel einen hölzernen Sitz; doch sah man auch solche mit einem Sitz aus einem Geflecht gedrehter Strohseile. An den Seiten standen einige Truhen und vielleicht ein Schrank (Schapp); damit war die Stubeneinrichtung erschöpft. Wanduhren kannte der Bauersmann in seinem Heim nicht"[15].

Die Schilderung zeigt, wie armselig die Ausstattung von Stuben noch am Anfang des 20. Jahrhunderts in Schwansen sein konnte. Der Grund liegt zweifellos in der langen wirtschaftlichen Abhängigkeit von den Gutsherren, die eine anspruchsvollere Ausstattung nicht erlaubte. Offenbar kannte man auch kein Paneel in den Stuben. Jedenfalls ist bekannt, daß ihre Außenwände mit Stroh abgedichtet wurden, um die Kälte nicht hereinzulassen.

Fehmarn

Die einst so abgelegene Insel Fehmarn gehörte nachweislich seit dem Waldemarschen Erbbuch von 1231 zum Herzogtum Schleswig. Ihre Bewohner unterstanden der dänischen

Abb. 141: Kistenkammer aus Kosel in Schwansen, 19. Jahrhundert. In ihr wurden Koffer an den Wänden aufgestellt, unter dem Fenster ein zusammenklappbares Bett, wohl für Besucher.
(Foto Dieter Schmidt-Sommerfeld. Schleswig-Holsteinisches Freilichtmuseum)

Abb. 142: Haus von Fehmarn.

(Landesamt für Denkmalpflege Schleswig-Holstein)

Abb. 143: Grundriß eines Hauses von Fehmarn.

(J. J. H. Lütgens, Kurzgefaßte Charakteristik der Bauernwirthschaften in den Herzogthümern Schleswig und Holstein, 1847)

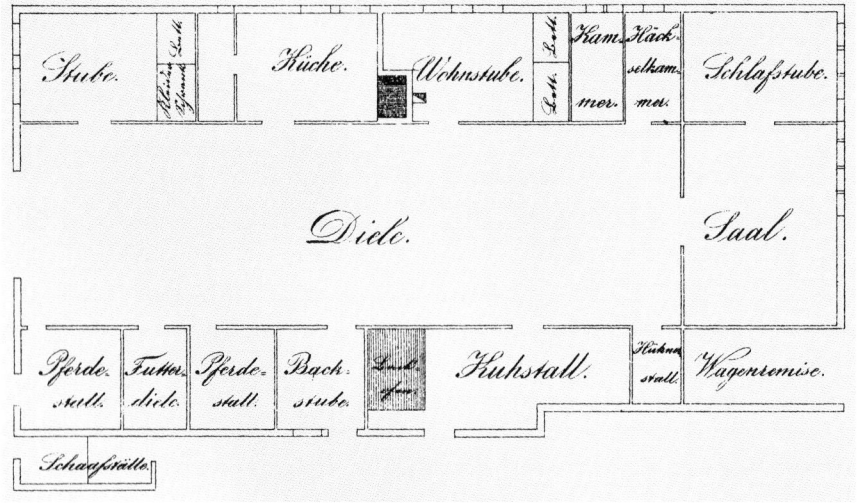

üblich, die Diele von den Wohnräumen abzuschließen und diese in die Seitenschiffe zu verlegen. Schließlich wurden sogar die Ställe aus dem Haus ausgegliedert, so daß es weitgehend zum Wohnhaus wurde.

Der größte Raum im Haus wurde nun der „Saal", auch „Große Stube" oder „Grote Döns" genannt und als „kalte Pracht" am Ende des Mittelschiffes durch eine Querwand von der Diele abgetrennt. Er ließ sich durch eine mehr als drei Meter breite Flügeltür von dort aus betreten und maß stattliche vier bis fünf Fache oder zehn bis zwölf Ellen in der Länge und Breite (40–48 qm, K. D. S.), oft 3,72 m in der Höhe und hatte ein meist blau, gelb oder grün bemaltes Paneel. Eine rückwärtige Tür führte in den Garten. An einer Seite befand sich ein mächtiger Alkoven, den man über eine Fußkiste besteigen konnte. Seine Schiebetüren hielt man gern geöffnet, um das reichhaltige Bettzeug als Beweis von Wohlhabenheit zu präsentieren. Dem Alkoven gegenüber stand oft ein Himmelbett mit Vor-

Krone und waren frei. Lange Zeit blieb Fehmarn wegen seiner isolierten Lage sich selbst überlassen. Es entstand aufgrund der sehr günstigen Bodenverhältnisse ein wohlhabendes Bauerntum, das in Fachhallenhäusern wohnte und wirtschaftete. Offenbar schon im 16. Jahrhundert wurde es aber bei Großbauern

hängen aus Flämischem Zeug. Unter dem Fenster entlang liefen thronartig erhöhte Bänke für Ehrengäste. Davor stand ein langgestreckter, breiter Tisch mit einem Kronleuchter darüber. Richard Meiborg (1977), der diese Beschreibung zum Teil auf Friedrich Wilhelm Ottes „Oekonomisch-statistische Beschreibung der Insel Fehmarn" von 1796 stützt, nennt als weiteres Mobiliar im „Saal" eine große Kredenz mit Silberzeug, Kannen, Bechern und Waschschüsseln aus Messing, ein paar Schränke für Eßgeschirr mit aufgestellten blankgeputzten Grapen und Kessel aus Kupfer und Messing auf den untersten Borden, mit bemalten Holznäpfen und Zinngerät wie Salzfässer, Butterteller, Schalen, Kannen, Krüge, Maße auf den obersten Borden, ferner ein Kontor (Schreibschrank), einige Kisten und hohe wie niedrige, oft gedrechselte

Stühle, auf denen Kissen und Polster lagen. Unter der Zimmerdecke hätten zinnerne Teller, über den Türen Schüsseln und Steinzeug gestanden und an den Wänden große Familienbilder und Armleuchter gehangen. Im Saal sammelte sich nach und nach auch modisches Mobiliar an wie Tresore mit Intarsien, Barockschränke, Tische mit Marmorplatten und Spiegel mit breiten, geschnitzten Rahmen. Dem aufgeklärten Landinspektor Otte gefiel der enorme Aufwand nicht, den die Bauern auf Fehmarn mit der Ausstaffierung ihrer „Kalten Pracht" betrieben. Er meinte, sie wollten damit nur ihrer Eitelkeit frönen, wenn sie ihre Schätze bei Kindtaufen, Hochzeitsessen und Leichenbegängnissen den Gästen vorführten.

Die übrigen Wohnräume lagen zunächst in den hinteren, später auch in den vorderen Sei-

Abb. 144: Kammer aus Blieschendorf/ Fehmarn, 1770, mit Darstellungen von Schäferspielen nach Vorlagen des französischen Malers Nicolas Lancret von 1743.

(Foto Dieter Schmidt-Sommerfeld. Schleswig-Holsteinisches Freilichtmuseum)

Abb. 145: Saal aus Teschendorf/Fehmarn, 18. Jahrhundert. Auffallend ist die hoch durchfensterte Rückfront mit der in den Garten führenden schmalen Tür des Festraums.
(Foto Dieter Schmidt-Sommerfeld. Schleswig-Holsteinisches Freilichtmuseum)

tenabteilen des Hauses. Zu ihnen gehörte die „Kleine Dörns" oder „Vordöns". Wenn sie zum Dorfplatz hin lag, hieß sie „Vörstuf". Sie war der alltägliche Aufenthaltsraum für die Hausbewohner und stand in einem auffallenden Gegensatz zur „Kalten Pracht", dem „Saal". Das hing mit der außerordentlichen Knappheit an Brennmaterial auf der Insel zusammen. Der Raum war deshalb nicht nur klein und eng, sondern auch äußerst spärlich mit Mobiliar ausgestattet. Wie ungemütlich und geradezu dürftig selbst vermögende Fehmaraner Großbauern bis zum Ausgang des 19. Jahrhunderts vor allem in der kalten Jahreszeit in der „Kleinen Dörns" leben mußten, hat wiederum Richard Meiborg (1977) sehr anschaulich geschildert:

„Meistens hatte sie nur ein einziges, niedriges und breites Fenster, das auf die Gasse hinausging. Bei wohlhabenden Leuten war sie ganz getäfelt, und das Getäfel war mit Schnitzerei und Bemalung geziert. Der Raum war

überall beschränkt. Selbst bei Großbauern dürfte ein Gelaß von 6 Ellen Länge, und 5 Ellen Breite (etwa 10 qm, K. D. S.) als geräumig gelten; anderswo waren die Abmessungen viel geringer. Man machte den Raum so enge, weil der Brennstoff so knapp war, daß es selbst bei reichen Leuten ungemütlich war, wenn es fror. Die meisten Bauern hatten wohl einen hohen Ofen, den Beileger, aus hübschen glasierten Kacheln; aber er diente mehr zur Zier denn zum Gebrauche, und ward selbst an kalten Tagen meist nur eben warm. Alte Leute und kleine Kinder brachten einen großen Theil des Winters im Bette zu, den Hausherrn aber, der in der Stube saß, konnte man sehen mit dem Lammpelz angethan, die Hände bewehrt mit dick gefütterten Fausthandschuhen. Frauen und Mädchen suchten sich durch emsige Arbeit am Rocken und an der Wollkratze warm zu halten; allenfalls nahmen sie eine Feuerkieke unter die Füße, und wärmten an einem runden Stein, der in der Kieke lag,

Abb. 146: Dreiseithof aus Nordschleswig.
(Landesamt für Denkmal-pflege Schleswig-Holstein)

und den sie hin und wieder herausnahmen, die Hände, wenn sie gar zu steif waren. Die einfachsten Feuerkieken waren kleine mit Eisenblech gefütterte Holztröge, die feinen waren aus Messing, oben geschlossen und an den Seiten mit Thürchen versehen; sie enthielten eine flache Thonschale. Die Häusler besaßen keinen Ofen. Sie hatten kaum etwas in die Feuerkieke zu tun. Die Wohnstube hatte meistens zwei Alkoven, einen, der auf die Diele hinausgebaut war und in dem Mann und Frau schliefen, und einen, der auf die Küche hinausgieng neben dem Schornstein und für die Abnahmeleute bestimmt. Die Kinder schliefen meistens auf einer Bettbank unter dem Fenster, hinter dem Tische. Die Stücke, die weiter zur Ausstattung gehörten, waren nur wenige: eine Bank am Tischende, ein paar Stühle in der Ofenecke und, der Eingangsthüre gegenüber, ein großer Wandschrank mit einer Klappe in der Mitte und mit kleinen Thüren oben und unten. Er hieß die Essichbank, weil hier eine Kruke Bier stand, das so sauer war, das man es auch als Essich brauchen konnte; manche nannten ihn feiner das Kontor. Die Frau hob hier das Essen auf, das von einem zum anderen Tage übrig blieb;

und der Bauer hatte hier seine Briefe und sein Geld. Über der Bank am Tischende hing noch um 1600 Spieß und Harnisch, und die Armbrust mit stälernem Bügel"[16].

Außer der Wohnstube gab es in den Seitenabteilen des Hauses eine Reihe von Kammern mit Betten, Schränken und Kisten. Einige waren getäfelt. In Blieschendorf z. B. wurde um 1770 eine Kammer mit Deckenbildern und der Darstellung der vier Jahreszeiten an den Wänden nach Kompositionen des Pariser Modemalers Nicolas Lancret von 1743 ausgeschmückt. In den schmalen Wandbetten finden sich Szenen, wie sie von englischen Stichen nach dem Italiener Jacopo Amigoni (1675–1752) her bekannt sind. Es könnten Lübecker Maler gewesen sein, die hier am Werk waren. Doch dürfte die derartig üppige Ausmalung einer Kammer eher die Ausnahme gewesen sein.

Nordschleswig

Der nördliche Landesteil des Herzogtums Schleswig mit den Ämtern Tondern, Apenrade, Sonderburg und Hadersleben reichte

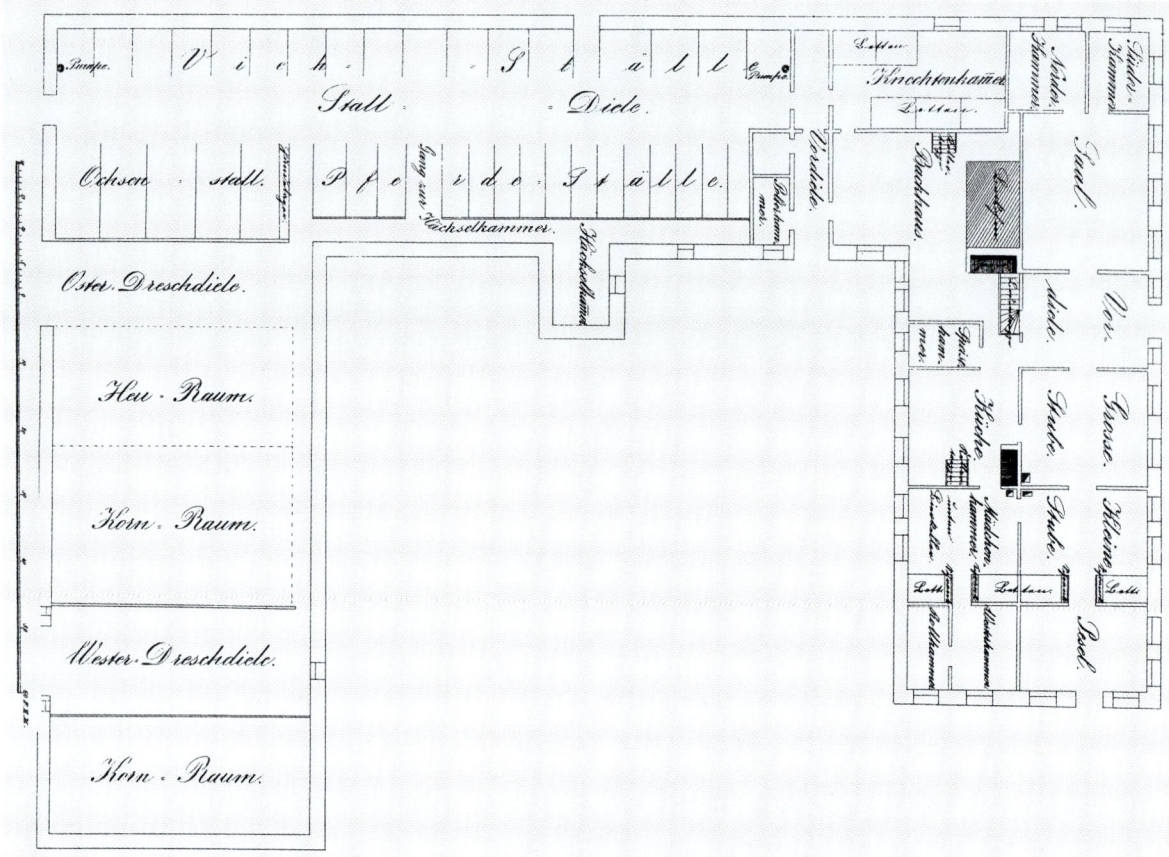

*Abb. 147: Grundriß
eines Dreiseithofes
aus Nordschleswig.*

(J. J. H. Lütgens, Kurzgefaßte
Charakteristik der Bauernwirthschaften in den
Herzogthümern Schleswig
und Holstein, 1847)

*Abb. 148: Pesel
aus Gjenner, 1637.
a) Der aufgemauerte
Kamin ist für einen
bäuerlichen Fest-
raum ungewöhnlich
und deutet auf das
Bestreben hin, dem
Standard patrizischer
Bürgerhäuser zu
entsprechen.*

(Museumsberg Flensburg)

a

Abb. 148: b) Vor dem reich gegliederten Paneel mit Schuppen-raupen und Halb-rosetten steht eine vierfeldrige Kasten-truhe auf hohem Sockelgeschoß mit der Inschrift VERBUM DOMINI MANET IN AETERNUM (das Wort des Herrn bleibt in Ewigkeit) 1665.

(Ernst Sauermann, Alt-Schleswig-Holstein und die Freie und Hansestadt Lübeck, 1911)

b

Abb. 149: Pesel aus Vraaby auf Röm, um 1690. Erst 1783 wur-den von Niels Peder-sen Bekker aus Vraaby ineinander verschlungene Rocaillen und kleine Blüten auf hellem Grund in Rokoko-manier auf das schlichte Paneel aufgetragen.

(Museumsberg Flensburg)

Abb. 150: Stube aus
Skovby auf Alsen,
1803. Die beiden
Flügeltüren der
Wandbetten, um
1800, werden von
Pilastern flankiert,
die in korinthisieren-
den Kapitellen enden,
und im Louis-Seize-
Stil mit Zöpfen an
Schleifen bekrönt.
Die Bekrönung der
Mitteltür ist auf-
wendiger.
(Foto Ilse Burscher. Kai
Detlev Sievers, Schleswig-
Holsteinische Bauern-
stuben, 3. Aufl. 1980)

einst von der Linie Flensburg–Tondern bis zur Königsau. Seit der Volksabstimmung von 1920 gehört er zu Dänemark. Dänische Einflüsse, wie sie bereits für Nordangeln nachweisbar sind, lassen sich hier jedoch weitaus stärker nachweisen. So dominierte in Nordschleswig das Wandständerhaus, wie es aus Jütland bekannt ist, bis mit dem 18. Jahrhundert an vielen Orten Massivbauten an seine Stelle traten. Dänisch beeinflußt waren ebenso die Dreiseit- und Vierseithöfe.

Überraschend ist die Vielzahl von Wohnräumen. Meiborg (1977) berichtet, daß sich auf kleinen wie großen Höfen im Osten wie im Westen um 1600 gleich viele Stuben und Kammern befanden, wenn sie sich auch nach Größe und Ausstattung deutlich voneinander unterschieden. Stets waren sie exakt nach der Sonne ausgerichtet und reihten sich z. B. in der Gegend von Tondern als Vordiele, Süderstube, Norderstube, Kleine Stube, Pesel und Kammern neben- und hintereinander.

Der Pesel spielte hier länger als Aufenthaltsraum für die Hausgemeinschaft eine Rolle als in den übrigen schleswig-holsteinischen Bauernhäusern. Denn er besaß an der westlichen Wand einen oft repräsentativ in Erscheinung tretenden gemauerten Kamin wie in vornehmen Bürger- und Adelshäusern, so daß Herrschaft und Gesinde auch im Winter hier zusammensitzen konnten. In die nördliche Wand waren Betten für die bäuerliche Familie eingebaut und wurden mit gemusterten und eingefärbten Vorhängen verschlossen ebenso Schränke, die oft reich beschnitzt waren. Auch der übrige Teil dieser Wand war mit Paneel verkleidet. Unter den bis zu zwölf hoch gelegenen Fenstern standen zwei Tische. Den oberen nannte man Hochtisch. Er war für die Ehrengäste bestimmt. Hinter den Tischen liefen wandfeste Bänke entlang mit bunten Kissen, und wo sich Lang- und Querbank trafen, stand ein hoher Eckschrank mit Gitterwerk in den Türfüllungen, vergleichbar

Abb. 151: Stube aus Quars, 19. Jahrhundert. Sofa mit Tisch und Stühlen sowie die Petroleumlampe geben den Stil der Kaiserzeit wieder, der nun die traditionelle Wohnkultur abzulösen beginnt.
(Foto Dieter Schmidt-Sommerfeld. Schleswig-Holsteinisches Freilichtmuseum)

dem Hörnschapp in Dithmarschen und Eiderstedt. Ansonsten befanden sich im Pesel Kisten, Truhen und Stühle mit bunten Kissen, auch Zinn- und Messinggeräte. Allmählich verschwand der Kamin aus dem Raum, und dieser wurde zur „Kalten Pracht". Die Einrichtung blieb jedoch im wesentlichen die gleiche. Hinzu konnte eine Kannenbank kommen, auf der Kupfer- und Messinggefäße und Tischgerät wie blanke Schüsseln, Salzfässer, Kannen, Schalen und Krüge von beträchtlichem Wert aufgestellt wurden. In den Kleiderkisten verwahrte die Hausfrau eine Fülle von Kleidungsstücken, Bettdecken- und bezügen, die gleichfalls Ausdruck für das Vermögen der bäuerlichen Familie waren.

Seit der Mitte des 17. Jahrhunderts nahm die Anzahl der Wohnräume zu. Die Dörns wurde Wohnstube, die große Vordiele Vorstube. Hundert Jahre später läßt sich eine weitere Ausdifferenzierung des Wohnens durch Norder-, Süder- und Kleine Stube sowie Kammern für Knechte und Mägde feststellen. Indessen scheint die Wohnstube außer dem Beileger mit seinen messingnen Knöpfen und den ihn umgebenden Messinggegenständen wie Steckbecken, Schüsseln, Leuchtern, Plätteisen und dem Kohlentopf (wohl eine Art von Aschenbecher) für Tabakraucher wenig Attraktives geboten zu haben. Wachsendem Bildungsbedürfnis dienten hier und da das Buch vom jütischen Lov (Gesetzbuch), die Bibel, eine Hauspostille, ein Band Leichenpredigten und sonstige erbauliche Schriften, die auf einem Bücherbrett standen. Auffallend war allerdings, daß hier wie in Angeln schon früh Uhren Verbreitung fanden: bei Großbauern im Westen Nordschleswigs wohl bereits um die Mitte des 16. Jahrhunderts, hundert Jahre später sogar bei Kleinen Leuten. Als um 1650 einige Bauern bei Lügumkloster im Westen bereits Kachelöfen besaßen, beheizte man im Osten noch Pesel oder Süderstube mit dem Kamin. Erst im 18. Jahrhundert trat allgemein der Beileger an seine Stelle. Auch andere Neuerungen traten um diese Zeit auf. So begannen Großbauern im Gut Troilburg nordwestlich von Hadersleben ihre Fenster mit Musselinvorhängen zu verkleiden, stellten gläserne Blumentöpfe hinein, schafften sich Schubladenkisten aus ostindischem Holz mit Messingbeschlägen an, stellten Schatullen auf und saßen auf rohrgeflochtenen Stühlen um runde und halbrunde Tische, auf denen Teebretter mit Goldrand und vergoldete Porzellanschüsseln aus Ostindien standen. An die Wände hängten sie sich große Spiegel mit Goldrahmen, Bilder und Gipsreliefs. Denn im Kirchspiel Loit im Amt Apenrade war es seit Ende des 18. Jahrhunderts üblich geworden, daß Bauernsöhne einige Jahre zur See fuhren, fremde Länder und ihre Kulturen kennenlernten und von dorther mancherlei Neuerungen mit nach Hause brachten. Sie ließen auch die Rahmen von Fenstern, Türen, Decken und Wänden in den Wohnräumen mit einer bestimmten Farbe ausmalen: z. B. die Sommerstube zinnoberrot, die Winterstube krapprot und Große Stube oder Pesel ultramarinblau. Die Füllungen erhielten oft bunte Blumengehänge, Sträuße, Figuren und Ornamente auf mamoriertem, weißem Grund. Zu den aus fernen Ländern mitgebrachten Gegenständen zählten auch japanische Strohmatten für den Fußboden und Lackarbeiten mit Intarsien aus Japan und China wie kleine hölzerne Götterfiguren und Tempel, Jerichorosen, Korallen und Muscheln (MEIBORG 1977). Ein Schiffsporträt über dem Kamin in der Großen Stube durfte nicht fehlen. Für alle diese Dinge war in den geräumigen Wohnungen der großen nordschleswigschen Höfe viel mehr Platz als in den engen Häusern der Kapitäne auf den nordfriesischen Halligen und Inseln. Daher lassen sich solche Stuben ohne weiteres mit den aufwendigen Interieurs in den Elbmarschen, Dithmarschen und Eiderstedt vergleichen.

Das Herzogtum Holstein

In diesem Gebiet herrschte bis in die erste Hälfte des 19. Jahrhunderts das niederdeutsche Fachhallenhaus vor: ein dreischiffiger, giebelseitig aufgeschlossener Innengerüstbau aus zwei parallel zueinander geordneten Reihen von Ständern, die in der Längsrichtung durch ein Rähm und in der Querrichtung durch überstehende Dachbalken zusammengehalten wurden. Darüber befand sich ein geräumiger Dachboden für die Erntebergung. Die Außenwände bestanden aus Fachwerk. Am ausgereiftesten war dieser Haustyp in der Gestalt des Sackdielenhauses: Man betrat das Gebäude giebelseitig durch das Einfahrtstor (Grootdör) und gelangte über die lehmgestampfte Diele, die bis zu zehn Metern breit sein konnte, in das als Wohnabteil quergelagerte, mit Kieselsteinen gepflasterte Flett, in dem der Herd stand. Zu seiner linken Seite befand sich eine offene Abseite, die sog. Lucht, in der in älteren Zeiten zwei halbbogige Wandbetten einander gegenüber lagen. Davor konnten Bänke und ein Tisch stehen. Zur rechten Seite vom Herd lag die Götlucht (mittelniederdt. gote = Gosse), in der Wascharbeiten, aber auch das Buttern verrichtet wurden. Diele und Flett waren ursprünglich nicht voneinander getrennte Raumabschnitte. Vermutlich stand der Herd mit einem darüber hängenden Rehm als Funkenschirm zunächst frei im Flett, rückte dann aber an die Dielenrückwand und erhielt einen sog. Schwibbogen, d. h. eine halbrunde, gewölbte Übermauerung, die nach vorn offen war und gleichfalls vor dem Funkenflug schützen sollte. Im westlichen Holstein entwickelte sich während des 16. Jahrhunderts im Sackdielenhaus anschließend an das Flett das quergelagerte Kammerfach als separates Wohnabteil. Es bestand in der Regel aus der vom Herd aus beheizbaren Döns als Stube und den nicht beheizbaren Kammern. Zu diesen zählten als stubenähnliche Kammern auch Pesel, Saal oder Sommerstube, die als Fest- und Wohnraum dienten. Im östlichen und südwestlichen Holstein sowie in der Probstei und den Elbmarschen herrschten dagegen das Durchgangs- oder

Abb. 152: Haus aus der Herrschaft Pinneberg.
(Landesamt für Denkmalpflege Schleswig-Holstein)

Durchfahrtsdielenhaus vor. Hier verlief die Diele von Giebel zu Giebel mit einer hinteren Ausfahrt oder einem hinteren Ausgang. Dementsprechend war der Herd an die Seite gerückt. Seit dem 16. Jahrhundert entwickelten sich in den Abseiten neben der Lucht als einziger größerer abgeschlossener Wohnraum die Döns als beheizbare Stube und nicht beheizbare kleine Kammern. Die Döns lag am hinteren Ende des Hauses und besaß einen langgestreckten Grundriß. Auffällig ist die schon früh ausgeprägte Differenzierung und Eigenständigkeit der Wohnzone.

Die Herrschaft Pinneberg

Im Nordwesten unmittelbar an Hamburg anschließend besaß die größtenteils aus Geest und nur im Südwesten aus der Haseldorfer Marsch bestehende schauenburgische Grafschaft Holstein-Pinneberg seit dem ausgehenden 13. Jahrhundert territoriale Selbständig-

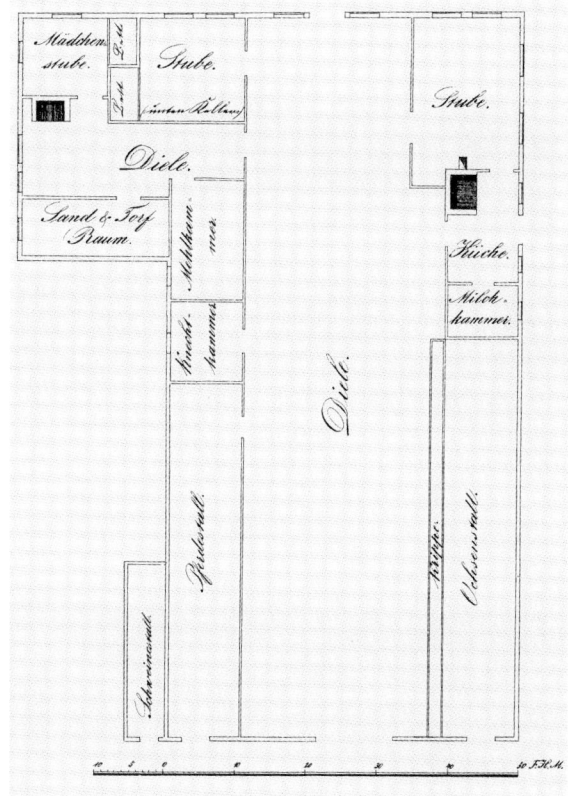

Abb. 153: Grundriß eines Hauses aus der Herrschaft Pinneberg.

(J. J. H. Lütgens, Kurzgefaßte Charakteristik der Bauernwirthschaften in den Herzogthümern Schleswig und Holstein, 1847)

Abb. 154: Stube aus Ellerhoop, 18. Jahrhundert. Die Tür zum Wandschrank links wird von einem eingelegten Pilaster mit Kapitell eingerahmt. Das Blickfenster mit Geschirr ist mit dünnem Blattwerk und Blumen eingerahmt, die Tür zum Alkoven rechts mit Akanthusranken und einer Traube in der Mitte umgeben.

(Foto Ilse Burscher. Kai Detlev Sievers, Schleswig-Holsteinische Bauernstuben, 3. Aufl. 1980)

keit und gehörte nach 1640 als Herrschaft Pinneberg zur dänischen Krone. Als solche übte sie ihre eigene Landeshoheit aus und führte bis 1806 ein vom übrigen Herzogtum Holstein gesondertes Dasein.

Die hier verbreiteten niederdeutschen Fachhallenhäuser mit Durchgangs- bzw. Durchfahrtsdielen konnten nach Arnold Lühning (1961) auf der Geest sog. Utbauten an der Giebelseite zur Vergrößerung des Wohnteils aufweisen. Sie kamen meist der „Grootdöns" zugute und enthielten Wandbetten.

Charakteristisch für viele Großbauernhäuser in der Haseldorfer Marsch waren „Sommerhäuser" als Querflügel mit eigenem Vollgiebel. Gelegentlich fanden sich auch kurzflügelige Ausbauten auf der gegenüber liegenden Seite zur Erweiterung der „Grootdöns". Die „Sommerhäuser" waren ursprünglich nicht beheizbar und dienten – wie ihr Name besagt – anfangs in den warmen Jahreszeiten als Wohnung für die Familie, später als Behausung für die Altenteiler und erhielten dann eine eigene Feuerstelle.

Wenn kein „Sommerhaus" vorhanden war, befand sich der „Grootdöns" gegenüber die Lüttdöns. Ihre Ausmaße richteten sich nach der Breite der Kübbung, während die „Grootdöns" mit den Wandbetten ein wenig in die Diele hineinragte.

Da die Dönsen am Hausende lagen, hatten sie zwei Außenwände mit Fenstern. In der „Grootdöns" waren die Wände bis zur Fensterbank mit Paneelen versehen, darüber wie auch teilweise an der Ofenwand mit Fliesen ausgekleidet. Die übrigen Wände wiesen Täfelungen aus Rahmenkonstruktion und eingenuteten Füllungen auf, die die Dönsentür, die Flügeltüren der Wandbetten, diese selbst, Wandschränke, durchfensterte Tassenschränke – meist über der Dönsentür – den Uhrenkasten, das Fensterschapp und hin und wieder seit dem frühen 19. Jahrhundert die Schreibschatulle umfaßte. Die Füllungen besaßen flache Spiegel mit gebrochenen oder geschweiften Umrissen. Modische Einflüsse sind auch hier erkennbar. Seit dem ausgehenden 18. Jahrhundert machten sich klassizistische

Elemente im oberen Abschluß der Türen von Betten, Schränken und Uhrengehäusen bemerkbar. Möglicherweise wurden die Flächen der Paneele bereits seit der Mitte des 18. Jahrhunderts rotbraun und blaugrau gestrichen.

Das Fensterschapp, wegen der darin stehenden Branntweinflasche auch „Köhmfinster" genannt, war ein Charakteristikum der Döns. Es befand sich in einem an der Wand zur Diele eingebauten Schrank und ermöglichte es, den gesamten Dielenraum bis zur Grootdör zu überblicken. Die besondere Bedeutung des Fensterschapps wurde durch reiche Ausstattung mit ausgesägten und durchbrochenen Rankeneinfassungen oder ornamentalen Schnitzereien hervorgehoben.

Fliesen an den Außenwänden oberhalb des Paneels, aber auch an der Ofenwand waren als westfriesische oder niederländische Importe vor allem in den Grootdönsen der Marschen üblich. Sie zeigten biblische Motive des 18. Jahrhunderts und braune und blaue Landschaftsdarstellungen sowie später bis Mitte des 19. Jahrhunderts kobaltblaue oder man-

Abb. 155: Stube aus Borstel, nach 1700. Das Eichenpaneel ist schwer und schmucklos, nicht aber Blickfenster und Uhrgehäuse. Der breite Beileger fällt wegen seiner reich figurierten Kacheln auf.
(Altonaer Museum in Hamburg)

121

ganbraune „Bloempotjes". Truhen lassen sich in den Bauernhäusern der Landschaft Pinneberg bis ins 17. Jahrhundert nachweisen. Aus diesem und der ersten Hälfte des folgenden Jahrhunderts stammen Stollentruhen, oft mit geschnitzter Vorderfront. Dann setzten sich besonders auf der Geest im späten 17. Jahrhundert flache Laden mit Kufenfüßen und Gurt- und Schuppenbandschnitzereien, später ornamentale Flachschnitzerei und im 18. Jahrhundert auch Tulpenrankmotive mit zwei Sternrosetten durch, die als „Wilstermarschtruhen" sehr beliebt waren und sich bis in die erste Hälfte des 19. Jahrhunderts hielten. Es gab aber auch Truhen mit vorgeblendeter Rahmenkonstruktion. Mit Beginn des 19. Jahrhunderts verdrängte der eisenbeschlagene Koffer alle anderen Truhentypen.

Als Kleiderschränke dienten in der Marsch Hamburger Schapps mit gesprengtem Giebel und großen Spiegeln auf den beiden Türen oder deren einheimische Nachbildungen, auf der Geest kleinere Schränke mit Rundbogengiebel und vier Türen.

Die Sitzbänke unter dem Fenster ließen sich durch Klappen öffnen und enthielten Grütze, die auf diese Weise trocken gehalten wurde. Daneben gab es einfache gedrechselte Vierpfostenstühle mit oder ohne Armlehnen.

Der von der Küche aus beheizte Beilegerofen erhob sich über einem Gestell mit einfachen Holzfüßen, selten über gußeisernem und schmiedeeisern verziertem Unterbau. Auf der oberen Ofenplatte war ein fliesenverkleideter Kasten, seit Anfang des 19. Jahrhunderts aus Hamburger Fayence-Kacheln mit blauem Blumendekor, in mehreren Stufen und einer seitlichen Blechtür errichtet, durch die man Speisen zum Warmhalten schieben konnte. Die gußeisernen Ofenplatten trugen seit dem frühen 17. Jahrhundert Dekors mit biblischen Motiven wie die Taufe Christi und Christus in Gethsemane, seit der zweiten Hälfte des 18. Jahrhunderts auch andere Darstellungen wie Ritter, Merkur, Galatea, Pax, Putten, Medaillons und springendes Pferd. Bis dahin waren die Ofenplatten vielfach datiert, in der Zeit des Louis Seize und des Klassizismus dann

nicht mehr. Woher sie kamen, ist nicht immer geklärt. Die älteren Beileger lassen sich als Harzer Importware identifizieren, wenige als Produkte norwegischer Gießereien und die zwischen 1830 und 1850 als solche aus der Rendsburger Carlshütte. Im Laufe des 19. Jahrhunderts tauchten mehretagige gußeiserne „Windöfen" aus dem adeligen und bürgerlichen Milieu auf. Allmählich setzten sich vereinzelt auch Kachelöfen mit Rundbogennische in der oberen Hälfte durch. Wer es sich leisten konnte, schaffte einen kostbaren Hamburger Fayenceofen mit blaugetönten Landschaftsmotiven an. Die Nähe zur patrizischen Wohnkultur der Hansestadt wirkte sich damit unübersehbar auf die bäuerliche Wohnausstattung der Marschen in der Herrschaft Pinneberg aus.

Die holsteinischen Elbmarschen

Seestermüher-, Kollmar-, Kremper- und Wilstermarsch reichten von Hamburg bis an die Grenzen der königlich verwalteten Landschaft Süderdithmarschen und lagen sowohl in dem von König und Herzog gemeinsam regierten Anteil Holsteins als auch im königlichen Amt Steinburg. Als Strommarschen wurden sie im 12. und 13. Jahrhundert von Holländern besiedelt, die sie durch Winterdeiche vor Überschwemmungen schützten und Marschhufendörfer mit regelmäßigen, durch lange Gräben voneinander getrennten Grundstücken anlegten, so daß Bauernhöfe mittlerer Größe, aber hoher Bodenbonität entstanden. Entsprechend solide und geräumig bauten die Bewohner ihre Häuser.

In der Krempermarsch war für die großräumigen Fachhallenhäuser charakteristisch, daß ihr Wohnteil zur Straßenseite lag und einen quer zum First verlaufenden ein- oder beiderseitigen Ausbau („Kreuzhaus") besaß. Dieser nach Norden liegende, seitliche Flügel, meist z. T. unterkellert und nicht beheizbar, wurde wie in der Haseldorfer Marsch als „Sommerhaus" bezeichnet und war durch Bretterwände in mehrere Räume unterteilt. Dazu konnten ein Koffergang als eine Art von

Abb. 156: Haus aus der Krempermarsch.
(Archiv Schleswig-Holsteinisches Freilichtmuseum)

Abb. 157: Grundriß eines Hauses aus der Krempermarsch.
(Führer durch das Schleswig-Holsteinische Freilichtmuseum, 1994)

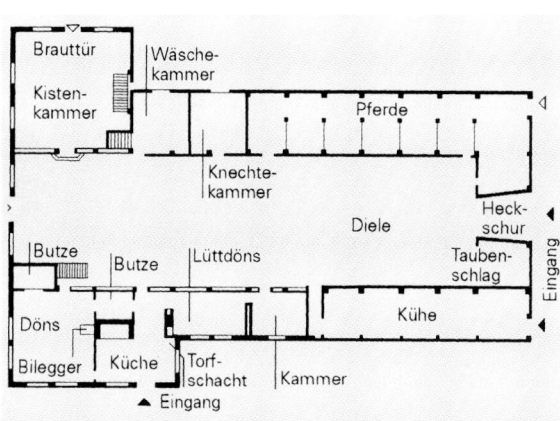

Alten Testament. Über die Ausstattung der „Sommerstube" mit Mobiliar ist wenig bekannt. Offenbar diente sie als Sommerwohnung, konnte aber auch ähnlich dem Pesel als Festraum und zu repräsentativen Zwecken genutzt werden. In zweigeschossigen „Sommerhäusern" gab es im Obergeschoß sogar einen dafür geeigneten „Saal".

In den kälteren Jahreszeiten lebten die Hausbewohner in der „Grootdöns" gegenüber dem „Sommerhaus" im südlichen Seitenabteil des dreischiffigen Hauses, die durch einen Beileger beheizt wurde. Außerdem gab es noch eine „Lüttdöns", die unbeheizbar war und in der sich meist die Kinder aufhielten.

Wie die Ausstattung einer „Grootdöns" aus Borsfleth gegen Ende des 18. Jahrhunderts aussah, hat der Direktor des Hamburger Museums für Kunst und Gewerbe, Justus Brinckmann, 1903 sehr anschaulich beschrieben:

„Nach der in die Holzeinlage einer der Füllungen geritzten Jahreszahl 1796 zu schließen, ist die Täfelung ein halbes Jahrhundert jünger als diejenige unseres Wilstermarsch-

Seitendiele gehören, von der aus man auf der einen Seite die „Sommerstube" und eine weitere Stube mit Wandbetten und auf der anderen Seite eine Mädchenkammer und einen Speicherraum betreten konnte. Die „Sommerstuben" waren in der Regel mit ungefeldertem Holz ausgekleidet und in unterschiedlichster Weise bemalt. Da tauchten von barocken Rankenornamenten eingefaßte Landschaften auf, die englischen Stichen nachempfunden waren, aber auch Szenen aus dem

123

a

Abb. 158:
Sommerstube
(„Königsstube") aus
Landweg, 1745.
a) Der Alkoven links
und alle Wände wur-
den von einem durch-
wandernden Maler
im Stil der herrschen-
den städtischen
Mode farbenprächtig
ausgestaltet: rechts
Tobias mit dem Engel
auf seiner Wanderung
zu einer am Fluß
gelegenen Stadt.
(Altonaer Museum
in Hamburg)

b) Die Rückkehr der
Botschafter aus dem
gelobten Land.
Vorbild für diese
Darstellung war die
Straßburger Bibel von
1630 mit Stichen von
Matthäus Merian.
(Altonaer Museum
in Hamburg)

getäfels; sie bekleidete die beiden Innenwände des an einer Ecke eines Bauernhauses in Borsfleth gelegenen Gemaches, dessen beide Außenwände mit Fensteröffnungen durchbrochen und ganz mit Fayencefliesen, sog. „Astern" belegt waren. In der Außenecke füllte den Raum zwischen zwei Fenstern ein hängender Eckschrank von gleicher Ausstattung wie die Täfelung. Zur Rechten der Eingangstür, zu der von der Diele einige Stufen hinaufführten, war in das Getäfel eine Kommode mit Schreibtisch- und Schrankaufsatz eingebaut, wie das in der Krempermarsch üblich ist. Rechts von der Kommode führte eine Tür in ein anstoßendes kleines Zimmer. Links der Eingangstür war die „Auslucht" mit einem Fenster angebracht, durch das man, ähnlich wie bei unserem Wilstermarsch-Zimmer, die Diele überblicken konnte. An der an-

deren Wand, welche das Gemach von der Küche trennte, waren links und rechts Wandbetten mit Klapptüren angebracht, zwischen denen der Ofen stand und eine Tür in die Küche führte, und neben dieser Küche war eine Wanduhr in die Täfelung eingebaut. Die Täfelung, welche mit allem Zubehör, auch den Deckenbalken, in unseren Besitz gelangt ist, zeigt gleich den Türen der Zimmer und Wandbetten eine den verschiedenen Abmessungen der Flächen angepaßte Gliederung in Rahmenfelder, deren Füllungen mit einer verkröpften, oben und unten spitz zulaufenden Verdoppelung versehen sind. In den Zwickeln dieser Verdoppelung und des struktiven Rahmenwerks sind ausgesägte Ornamente in Rokokoformen aufgelegt, in den Spiegeln der Türen Sterne aus Knochen und Ebenholz eingelegt. In den Schmalfeldern neben den Wand-

*Abb. 159: Döns aus
Borsfleth, um 1750.
a) Auf dem Beileger
vor der gefliesten
Wand steht ein
kunstvoll gearbei-
tetes Ofenreck,
daneben ein Arm-
lehnstuhl und davor
eine querschwin-
gende Wiege aus der
Wilstermarsch im
Rokokostil. Über ihr
schwebt der nur
hier nachweisbare
hölzerne Pelikan.*
*(Stiftung Schleswig-
Holsteinische Landes-
museen, Volkskundliche
Sammlungen)*

*b) Vor der gefliesten
Fensterwand steht
eine barocke
Schatulle mit auf-
klappbarem Deckel,
der mit eingelegten
Sternen geschmückt
ist, daneben ein
Armlehnstuhl aus
der Wilstermarsch,
rechts ein hochbeini-
ger vitrinenartiger
Schrank.*
*(Stiftung Schleswig-
Holsteinische Landes-
museen, Volkskundliche
Sammlungen)*

126

*Abb. 160: Sommer-
haus aus Herzhorn,
1711. Der große
Raum wurde für
Festlichkeiten ge-
nutzt, und in ihm
standen an den
Wänden Truhen mit
der Aussteuer der
Hausfrau. Die
„Brauttür" im Hin-
tergrund wurde nur
bei der Hochzeit
benutzt.*
(Foto Dieter Schmidt-
Sommerfeld. Schleswig-
Holsteinisches Freilicht-
museum)

*Abb. 161: Stuckstube
aus Herzhorn, 1810.
Sie befindet sich im
Obergeschoß des
1782 errichteten
Wohnflügels, ist im
klassizistischen Stil
mit Anklängen an
das Rokoko ausge-
stattet und erinnert
an Einrichtungen des
städtischen Patriziats.*
(Foto Dieter Schmidt-
Sommerfeld. Schleswig-
Holsteinisches Freilicht-
museum)

Abb. 162: Barghaus aus der Wilstermarsch.
(Archiv Schleswig-Holsteinisches Freilichtmuseum)

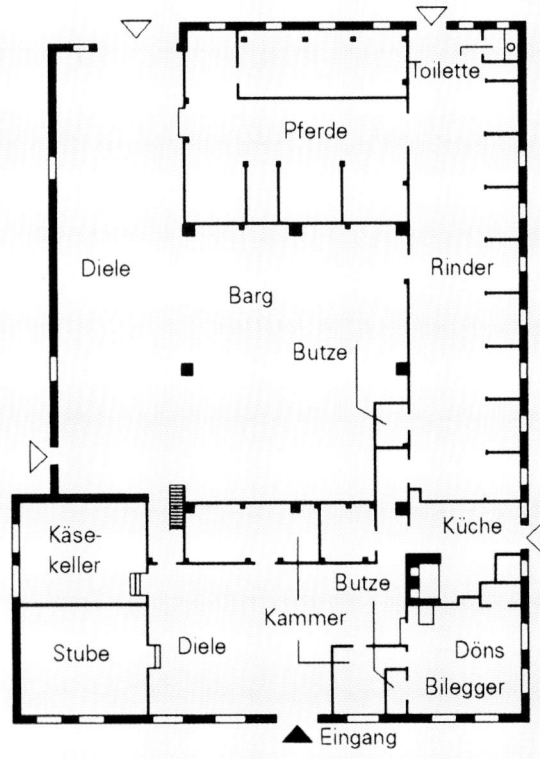

Abb. 163: Grundriß eines Barghauses aus der Wilstermarsch.
(Führer durch das Schleswig-Holsteinische Freilichtmuseum, 1994)

betten, in den kleinen Füllungen über diesen und den großen unter ihrem Sockel treten zweifarbige Intarsien auf, deren Blumen- und Vogelornamente jedoch unbeholfene Technik verraten und hinter den gleichzeitigen Intarsien der Vierlande zurückstehen. Vorzüglich aber ist die Tischlerarbeit mit den Verkröpfungen, auf denen auch die reizvolle Wirkung des Ganzen beruht"[17].

In solchen aufwendigen Räumen gab es keine wandfeste Bank mehr. Vielmehr stand in der Mitte ein Stützen- oder Pfostentisch mit Zargenkasten und weitausladenden Kugeln an den balusterförmigen Beinen, wie er direkt seit 1700 von Holland nach Schleswig-Holstein gelangte. Dazu gehörten Armlehnstühle mit flachen Seitenlehnen und Rückenteil aus gedrechselten Stäben, geschnitztem Querbrett und Seiteneinfassungen.

Für die Elbmarschen insgesamt war die Herausbildung eigenständiger Truhentypen charakteristisch. Dazu gehörte die Kastentruhe

*Abb. 164: Sommer-
haus aus Arentsee,
18. Jahrhundert.
Alle Wände sind
gefliest. Der Raum
wirkt nüchtern und
diente der Unter-
bringung von Gästen,
aber auch als
Aufenthaltsraum
im Sommer.*
(Foto Dieter Schmidt-
Sommerfeld. Schleswig -
Holsteinisches Freilicht-
museum)

*Abb. 165: Döns aus
Arentsee, 18. Jahr-
hundert. Vor der ge-
fliesten Fensterwand
steht eine geöffnete
Schreibschatulle. Das
Paneel ist bescheide-
ner als sonst in der
Wilstermarsch. Links
neben der Stubentür
ein Alkoven mit
Flügeltüren, davor
eine Wiege mit
darüber schweben-
dem Pelikan.*
(Foto Dieter Schmidt-
Sommerfeld. Schleswig-
Holsteinisches
Freilichtmuseum)

*Abb. 166: Husmanns-
haus aus der Wilster-
marsch.*

*(Landesamt für Denkmal-
pflege Schleswig-Holstein)*

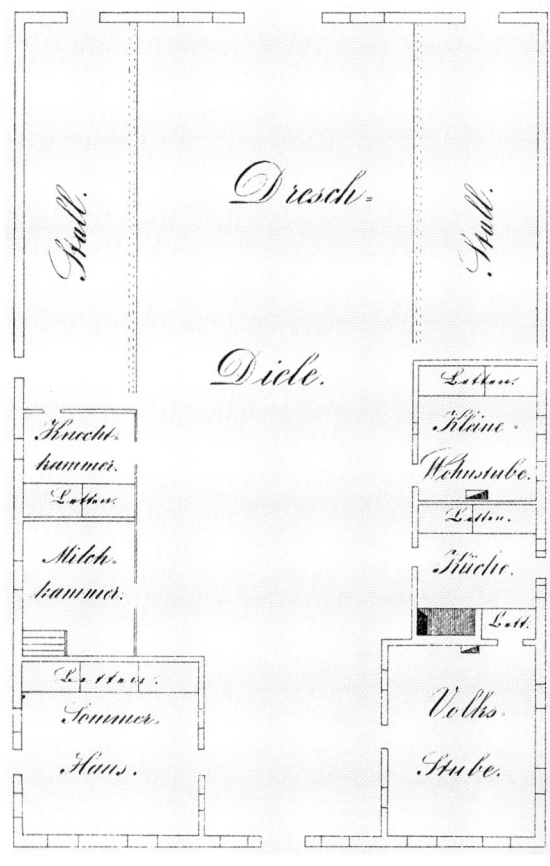

Stall.

Dresch-

Stall.

Diele.

Knecht.
kammer.

Latten.

Milch.
kammer.

Sommer.

Haus.

Latten.

Kleine

Wohnstube.

Latten.

Küche.

Latt.

Volks.

Stube.

*Abb. 167: Grundriß
eines Husmanns-
hauses aus der
Wilstermarsch.*

*(J. J. H. Lütgens, Kurzgefaßte
Charakteristik der Bauernwirthschaften in den Her-
zogthümern Schleswig und
Holstein, 1847)*

mit vier Arkadenfeldern und darin als Intarsienschmuck ein doppelköpfiger Adler. In der zweiten Hälfte des 18. Jahrhunderts wurde dieser Typus abgelöst von einem solchen mit zwei liegenden Feldern mit plastisch hervortretenden Spiegelfüllungen und senkrechten, geschnitzten Leisten. Die Truhenproduktion ging auf Wewelsflether Tischler zurück, die von der nahe gelegenen Hamburger Kunsttischlerei stark beeinflußt waren, aber nach 1800 bedeutungslos zu werden begannen.

In der Wilstermarsch gab es neben dem Husmannshaus (Husmann / Hausmann = Hufenbesitzer) als Fachhallenhaus einen Haustyp, der für kleinere landwirtschaftliche Betriebe bevorzugt wurde, sich aber grundsätzlich vom niederdeutschen Hallenhaus unterschied. Das war das Barghus. Es gehörte zu den Gulfhäusern, die sich durch ein reines Hochrähmgefüge mit Ankerbalkenkonstruktion auszeichneten. Das bedeutet, daß das Hausgerüst nicht wie beim Hallenhaus auf zwei Reihen parallel und dicht zueinander stehender Ständer ruhte, sondern auf weitgestellten Hochständern. Sie trugen auch das auffallend steile Dach. Eine weitere Besonderheit des Barghauses war der Vierkant in der Mitte, in dem erdlastig die Ernte bis in den obersten Dachraum hinein aufgestapelt wurde. Die frühesten Belege für die Errichtung solcher Gebäude gehen bis ins 16. Jahrhundert zurück. Sie sind offenbar auf friesischen Einfluß zurückzuführen und waren besonders für die sich intensivierende Getreidewirtschaft geeignet. Die meisten von ihnen stammen aus dem 18. und 19. Jahrhundert.

Der Wohnteil konnte vom Wirtschaftsteil getrennt mit unter dem Hauptdach liegen, aber auch einen davon deutlich abgesetzten, quer davor liegenden Bauteil mit eigenem Dach bilden. In jedem Fall gelangte man durch eine schmale Tür in der Mitte der Vorderfront auf die Vordiele (Fördeel). Dort standen Koffer und Schränke, und hier wurde in der warmen Jahreszeit, vor allem während der Ernte, mit dem Personal gegessen (Scheer/Mathieu 1995). Von der Vordiele aus war in der Regel auf der Sonnenseite die beheizbare Döns und auf der Schattenseite die unbeheizbare Sommerstube zu erreichen .

Das geht auch aus der Beschreibung eines Barghauses in Rothenmeer, eine halbe Meile südwestlich von Wilster, hervor, die der Altonaer Museumsdirektor Wilhelm Peßler 1913 in seinem Werk über die „Hausgeographie der Wilstermarsch" lieferte und die sehr präzise und anschaulich auf die Einrichtung der Wohnräume eingeht:

„Die kleine ‚Fördör' führt den Besucher auf einen breiten Dielenraum (Fördeel), auf welchen 4 ‚Facks' (Fache, K. D. S.) entfallen. Diese ‚Fördeel' bildet die Mitte zwischen den Wohnräumen, ist nicht höher als diese und hat getäfelte Wände aus Eichenholz mit grünem Anstrich. Links liegt eine kleine Stube (lütt Dönz), die 2 ‚Fack' einnimmt und eine hübsche Täfelung in Föhrenholz hat; an ihrer Rückseite ist ein Wandbett (inmokte Bedste), außerdem links in der Wand ein Schrank (Schapp). Eine weitere Tür führt von der ‚lütt Dönz' in ein unheizbares Gemach, das nur im Sommer bewohnt wird und daher ‚Sommerhus' heißt; sonst stehen dort Koffer und Molkereisachen. Meist liegt das ‚Sommerhus' in dem auch im Grundriß vorspringenden Teil des Flügels und dient häufig, aber erst nachträglich, als Altenteilerwohnung. Der Name bezieht sich nur auf das Innere; von außen betrachtet, wird es vom Bauern gleich anderen Flügelbauten nur als ‚Utbau' bezeichnet. Der frühere Besitzer hat dies ‚Sommerhus' mit einer farbenfrohen Deckenmalerei (Frühling, Sommer, Herbst und Winter) und seine Wände mit gemalten Blumen geschmückt . . .

Rechts von der ‚Fördeel' führt eine Tür in den anheimelndsten Raum des Hauses, die Wohnstube (Dönz), die in der Ecke liegt und durch 4 Fenster erhellt wird. Sie nimmt 2 ‚Fack' ein. In ihr stehen Tisch und Bank nebst Stühlen, während die Schränke alle in der ebenfalls getäfelten Wand liegen. Rückwärts nach der Küche zu liegt der Ofen (Obn) an der ‚Obnwand', die mit holländischen Fliesen bekleidet ist. Daneben gleichfalls an der Küchenwand ist ein kleiner Wandschrank (lütt Schapp), der zur Aufnahme von Kleidern dient (Tügg-Schapp), weiterhin ein Wandbett (inmokte Bedste), das durch 2 Schiebetüren geschlossen wird. Von der niedrigen Decke dieses Alkovens hängt eine Schnur mit hölzernem Handgriff herunter (Bedspan, Bedband), die bei Rheumatismus und ähnlichen Beschwerden vom Bettinhaber ergriffen wird, um die Bewegungen zu erleichtern. ‚Ich konnte mich nicht kanten und kehren', sagte mir ein Alter, ‚da hat mir der Bedspan gute Dienste getan'. Neben der Stubentür links nochmals ein ‚Schapp' für Zeug, darüber eins für Teller, und rechts das Kleinod der Stube, das ‚Fünsterschapp', ein erkerartiger Wandschrank mit einem Fenster, das nach der ‚Fördeel' sieht. Über dem Türsturz bildet den Wandabschluß das ‚Teeschapp' mit Tee- und Kaffeetassen, wodurch der gemütliche Eindruck des Ganzen noch erhöht wird"[18].

Reich und kostbar wie in der Krempermarsch war die Ausstattung eines Husmannshauses in der Wilstermarsch. Das zeigte sich vor allem an den Paneelen. Sie waren in den Dönsen kassetiert und beschnitzt. Füllungen mit verkröpften Leisten reihten sich aneinander und konnten bis unter die Decke reichen.

*Abb. 168: Sommer-
stube aus Stein-
damm, um 1750.
a) Die Bemalung des
Paneels mit gedreh-
ten Säulen, Rosen-
ranken und Blatt-
werk erinnert an
chinesische Vorlagen.
Ungewöhnlich sind
die Alkoven in die-
sem Festraum und
auffallend die um
1800 zu datierende
Gestaltung ihrer
Türen als Prachtzelt.*

*b) Die Höhe des
Raumes ermißt sich
auch an den lang-
gestreckten Fenstern
in der gefliesten
Außenwand.*
*(Altonaer Museum
in Hamburg)*

a

Dabei zeigten die Türfüllungen mit Vögeln und Blumen beschnitzte Zwickel oder auch eingelegte oder aufgesetzte Sterne in den Mittelfeldern. Die Verwandtschaft mit dem Hamburger Schapp ist unübersehbar. Offenbar orientierten sich ländliche Tischler daran, als sie die Stubenwände seit etwa der Mitte des 18. bis zum Ende des vorangegangenen Jahrhunderts so ausgestalteten. Die Einbauten wie Wandbetten, größere und kleinere Wandschränke, verglaste Gelasse, die Ausschmückung des „Fünsterschapps", des Beilegers mit verzierten Eisenplatten, des darauf gestellten Ofenrecks zum Trocknen von Wäsche oder Warmhalten von Speisen unter einer darüber ausgebreiteten Decke, die Fliesen an der Ofenwand, dies alles war im Prinzip so wie in der Döns des Barghauses, in der Ausführung aber wesentlich aufwendiger. Daß im Husmannshus Reichtum herrschte, stellte bereits der Kieler Professor und Etatsrat Johann Nikolaus Tetens Ende des 18. Jahrhunderts fest. In seinen „Bemerkungen über die Marschen und den Charakter ihrer Bewohner", die 1788 in den Schleswig-Holsteinischen Provinzialberichten erschienen, bewunderte er die Silberschränke und Porzellanaufsätze in den Häusern der Wilstermarschbauern. Auch hatte er nirgendwo so viele silberne Knöpfe auf den Kleidungsstücken der Männer und so viele silberne Ketten und mit Gold besetzte Gürtel bei den Frauen gesehen wie hier. Die außergewöhnliche Wohlhabenheit der Vollhufner in der Wilstermarsch bestätigte mehr als ein halbes Jahrhundert später der Reisende Johann Georg Kohl, als er die Landschaft in den 1840er Jahren bereiste:

„... Und man hört überall die Leute im Norden von dem Luxus der hiesigen Bauern, von ihrem Geld- und Perlenschmuck, von den gefüllten 'Silberschaffen', die man in jedem Hause finde, berichten und auch fabeln.

Ein Prediger, der hier functionirte, erzählte mir, er habe einmal bei einem reichen Wilster Marschbauern Kindtaufe gehabt, wobei über 40 Personen zugegen gewesen wären. Den Kaffee habe man aus einem neuen Silberservice getrunken. Als man aber zur Chocolate gekommen, habe der Bauer wieder ein anderes Silberservice aus dem Silberschaffe hervorgenommen, und beim Thee ein drittes, weil es sich nach dem Begriffe dieser Leute nicht hübsch ausgenommen haben würde, wenn das schon gebrauchte Silber aufgewaschen worden und noch ein Mal vor den Gästen erschienen wäre. Auch habe der Bauer expreß für diese Taufe ein eigenes Taufbecken von Silber anfertigen lassen ...".[19]

Exquisit waren auch die Möbel in der Döns. Dazu gehörten die aus der Renaissance stammenden Eichenholztruhen mit doppelköpfigen Adlern in vier Feldern als Intarsienschmuck, die vom 17. bis zum Ende des 18. Jahrhunderts üblich blieben. Daneben entwickelten sich in der zweiten Hälfte dieser Periode niedrige zweifeldrige Truhen mit sechsstrahligen, eingelegten Sternen, die mit ihren verkröpften Füllungen und Schnitzereien in den Zwickeln vom Hamburger Schapp beeinflußt waren. Demgegenüber gaben sich die Koffer mit gewölbtem Deckel farbenfroh.

Eine für die Möbelkultur der schleswig-holsteinischen Westküste typische Eigenart, stellte das Hörnschapp (Hörn=Ecke) dar, das in dem von den beiden Außenwänden der Döns gebildeten Winkel am Ende der Wandbank neben dem Platz des Hausherrn stand und in dem Papiere und Wertsachen verwahrt wurden. In der Wilstermarsch fand sich dieses Möbel bis über das 18. Jahrhundert hinaus: Auf einem hohen Gestell mit balusterförmigen Beinen ragte das Obergeschoß über das darunter liegende weit hinaus.

Gelegentlich gab es auch bemalte Truhenbänke mit aufklappbarem Sitz und hoher, beschnitzter Rückenlehne. Vorherrschend als Sitzmöbel waren jedoch – in der Regel aus Esche gefertigte – Armlehnstühle, die bis auf die Armstützen aus gedrechselten Stäben zusammengesetzt und bemalt waren. Neben diesen Rundpfostenstühlen benutzte man Kantholzstühle, deren Rahmen und Rücklehne besonders reiche Schnitzereien aufwiesen. Die zugehörigen Tische kann man sich als Stützen- oder Pfostentische mit Balusterbeinen vorstellen.

Die in ihren Ausmaßen großräumigen Dönsen im Husmannshaus der Wilstermarsch

Abb. 169: Döns aus der Wilstermarsch, um 1780. Die aufwendigen Füllungen des bis zur Decke reichenden Paneels tragen aufgesetzte achtseitige Platten mit eingelegten Sternen. Die Deckenmalerei stellt wohl eine Abendmahlszene dar. Am Ausziehtisch links ein Armlehnstuhl vom Wilstermarsch-Typ aus dem Ende des 18. Jahrhunderts, rechts ein Pfostenlehnstuhl aus der gleichen Zeit.
(Museumsberg Flensburg)

ließen sich kaum allein vom Beileger beheizen. Vielmehr strahlte die ganze Ofenwand die vom dahinter liegenden Herd aufgenommene Wärme aus und ermöglichte so einigermaßen erträgliche Temperaturen in der Winterzeit. Über dem mit biblischen Reliefs verzierten Ofenplatten konnte sich ein aus Fliesen zusammengesetztes Schiffsporträt befinden, wenn der Hausherr neben der Landwirtschaft das Reedereigeschäft betrieb. Darunter befand sich das von Westfalen bis an die Eider verbreitete Ofenreck zum Trocknen kleinerer Kleidungsstücke oder Textilien.

Hubert Stierling (1927) beobachtete, daß es in Stuben auch Deckenmalereien mit Elbschiffen und biblischen Szenen gab, die von dem Kunstmaler Treuner stammten, der für reiche Bauern arbeitete[20].

Die Paneele in den unbeheizbaren Sommerstuben der Husmannshäuser als Repräsentationsräumen waren nicht minder prächtig durch phantasievolle, unterschiedlichste Ausmalungen mit Landschaftsdarstellungen, Veduten, Segelschiffen oder Blumengebinden ausgestaltet. In der Sommerstube eines Husmannshauses aus der Nähe von Beidenfleth in der Wilstermarsch fand sich jüngst eine besonders qualitätvolle Wandmalerei aus der Mitte des 18. Jahrhunderts. Auf ihr ist eine höfische Gesellschaft der Rokokozeit dargestellt vor einer Landschaft mit regionaltypischen Elementen wie Schiffen, die auf einem Fluß ins offene Meer hinaus segeln, und illusionären Weinreben und Orangenbäumen. Offenbar wollte der Hofbesitzer mit dieser illustren Malerei seinen Reichtum zur Geltung bringen, aber auch auf seine Wünsche und Sehnsüchte hinweisen (BUTT 2000).

Eine schwer zu bestimmende Besonderheit in den Stuben der Wilstermarsch war der über der Wiege aufgehängte holzgeschnitzte Pelikan, der als Sinnbild für Christi Opfertod gelten könnte, indem er sich mit seinem Schnabel die Brust aufreißt, um mit seinem Blut

*Abb. 170: Döns aus
Großwisch, um 1775.
Das schwere barocke
Eichenholzpaneel ist
prächtig und sorgfäl-
tig von einem Schnit-
zer nach Hamburger
Vorbild und wohl
gegen Kost und Logis
sowie einen geringen
Tagelohn gestaltet
worden. Das Wand-
schränkchen über der
Tür mit den zier-
lichen Schnörkeleien
gehört dem Rokoko-
stil an. Das hollän-
dische Fliesenbild
über dem Beileger
zeigt ein Schiffs-
porträt als Hinweis
auf Partenschaften,
die Bauern aus der
Wilstermarsch an
Handelsschiffen
oder Walfängern
erwarben.*
(Altonaer Museum
in Hamburg)

seine Jungen zu nähren. Möglicherweise liegt
aber auch ähnlich wie bei der aus Papier und
Strohhalmen gefertigten „Unruhe" in Nordfriesland der Gedanke der Übelabwehr zum
Schutz des noch ungetauften Kindes zugrunde.

Zu den Elbmarschen gehörte auch die Kollmar-Marsch im Itzehoer Güterdistrikt. Die
dort liegenden adeligen Marschgüter Seester-
mühe, Groß- und Klein-Kollmar an der Elb-
uferstrecke zwischen Pinnau und Krückau
unterschieden sich jedoch insofern grundlegend von den ostholsteinischen Gutsherrschaften, als die Bauern nicht leibeigen waren, sondern als Freie über ihren Grund und
Boden nach Belieben verfügen konnten. Auch
erzielten sie gute landwirtschaftliche Erträge
und kamen zu Wohlhabenheit, wie sie bei den
Bauern in den Elbmarschen allgemein üblich
war.

Nach den Verwüstungen des Dreißigjährigen Krieges waren auf vielen Höfen niederdeutsche Hallenhäuser mit Durchfahrtsdiele

gebaut worden. Anfang des 18. Jahrhunderts
erhielten sie Querflügel, in denen das „Sommerhaus" untergebracht war. Trotzdem nahmen sich die Wohnverhältnisse in manchen
Häusern bescheiden aus. Das belegen die
Schilderungen von Robert Rave, dessen Hof in
Moorhusen sich seit 1828 im Besitz der Familie befand, und der sein Elternhaus für die Zeit
um 1890/1900 folgendermaßen beschrieb:

„Wer unsere alten Bauernhäuser kennt, der
weiß, daß der weitaus meiste Raum in ihnen
Wirtschaftsraum für Vieh, Ernte und Arbeit
ist, während dem Wohnen nur ein recht kleiner Teil vorbehalten ist. In meinem Haus tritt
das nicht so stark in Erscheinung, weil der
Wohnteil 1772 um 2 Fach verlängert worden
ist, wodurch wir auf der Westseite im Sommerhaus zwei unterkellerte Räume, die beiden Kellerstuben, und auf der Ostseite 3 Stuben, nämlich die Vorderstube, die Neuestube
und die Schlafstube, hinzubekamen. Aber es
gibt noch Häuser, in denen alle Wohnräume
zu beiden Seiten der Deele liegen, auf der

*Abb. 171: Decken-
gemälde aus einer
Vordiele in Stördorf,
Ende 18. Jahrhundert.
Dieses Bild gehört zu
der in der bäuer-
lichen Wohnkultur
Schleswig-Holsteins
wohl einzigartigen
Illusionsmalerei
dieses Hauses und
gibt drei Amoretten
wieder, die innerhalb
einer wuchtigen
Ballustraden-
einfassung in den
Wolken schweben,
vermutlich eine Alle-
gorie auf die Liebe.
Solchen zeitgemäßen
Luxus konnten sich
nur sehr vermögende
Bauern leisten.*
(Landesamt für Denkmal-
pflege Schleswig-Holstein)

einen Seite die Küche, die Döns und einige Kammern und auf der anderen Seite die Mädchen- und Knechtekammern. Der eigentliche und meistens einzige Wohnraum für Familie und Gesinde aber war die Döns. Sie war auch der einzige heizbare Raum, denn sie hatte an der Wand zur Küche einen Beilegerofen, der vom Küchenherd aus beschickt wurde. Woher das Wort „Döns" kommt, weiß ich nicht, aber man könnte meinen, daß es mit der dunstigen Luft in diesem Raum zusammenhängt (vergl. dazu aber S. 20 f., K. D. S.) Dabei muß man sich vorstellen, daß hier die Männer ihre halblangen Pfeifen mit Kanaster und Hahntabak rauchten, der sicher viel doller stank als die getrockneten Kirsch-, Erdbeer-, Himbeer- und Rosenblätter, die im ersten Weltkrieg geraucht wurden. Wenn dann auch noch die Frauen aus ihren Meerschaumpfeifen und den langen Kalkpfeifen ihren Qualm dazwischenbliesen, muß in der Döns eine Luft geherrscht haben, durch die kein Sonnenstrahl und keine Lampe hindurchdrin-

gen konnte. Jedenfalls muß das Wort „Döns" früher allgemein gebräuchlich gewesen sein. Ich weiß noch gut, daß meine Großmutter immer wenn Besuch kam, sagte: „Gaht man in de Döns".

Die Einrichtung der Döns war recht einfach. Der hölzerne Dielenboden war mit Sand bestreut. Bei uns habe ich das zwar nicht mehr gesehen, aber bei meinen Verwandten in Raa war es noch bis 1900 üblich und auch in vielen Katen habe ich es noch selbst erlebt. Ursprünglich hatten die Dönsen aber keinen Holzfußboden, sondern nur eine gestampfte Lehmdiele. Ich kann mich erinnern, daß z. B. bei unserem Nachbarn, dem später abgebrannten Hof von J. Bahlmann, wo ich als Kind oft gespielt habe, der Fußboden der Döns aus Lehm bestand. Auch hier wurde noch mit Sand gestreut, bis kurz vor 1900 die ganze Döns renoviert wurde. An der Innenwand der Döns war eine einfache Holztäfelung mit eingebauten Wandschränken, einer eingebauten Schreibschatulle und Türen für die dahinterliegenden Wandbetten. Dann gehörten zur Einrichtung noch ein Tisch, ein paar Stühle und ein lederbezogenes Sofa. Das Sofa kam hierzulande erst in den 1840er Jahren auf, vorher hatte man Ofenbänke und Schlafbänke, die tagsüber als Sitzbänke benutzt wurden ...

In meinem Haus liegt oberhalb der neuen Stube und der Schlafstube ein großer Arbeitsraum, der ebenfalls 1772 entstanden ist und den wir „Saal" nennen. Der ganze übrige Bodenraum im Wohnteil ist Kornboden. In diesem Saal standen ein Webstuhl, einige Spinnräder, Tische, Stühle und Bänke und hier wurde nach des Tages Arbeit abends beim Schein einer Öllampe, die wir jetzt noch besitzen, ein paar Stunden gewebt, gesponnen und Strümpfe gestrickt. Die Mädchen mußten außerdem immer wenn sie Zeit hatten unsere Kornsäcke flicken und stopfen, die bei den Kornfuhren zur Mühle häufig Löcher bekamen, so daß immer was auszubessern war. An den Wänden oberhalb der Bänke hingen mehrere kleine buntbestickte Kissen, etwa 20 x 20 cm groß. Wenn man müde wurde, drehte man den Kopf zur Seite und schlief für ein paar Augenblicke mit dem Ohr am Kissen ... Der Saal ist nicht heizbar, aber die Frauen wußten sich gegen Kälte wohl zu schützen. Sie zogen drei bis vier beiderwandsche Röcke an und stellten ihre Füsse auf eine Feuerkieke, so daß die Röcke darüber hingen. Da zog die Wärme schön nach oben und wenn man unten warm war, fror man auch oben nicht"[21].

Ganz so bescheiden waren die Wohnverhältnisse im Haus Rave indessen nicht. Vielmehr wies die Wandtäfelung im Sommerhaus prächtige Roccaillemalerei auf und zwei große Bilder aus dem Jahre 1772. Auf dem einen sind der Hofbesitzer mit seiner Ehefrau sowie dem Pferdehändler und seinem ein Pferd haltenden Knecht zu sehen. Das andere Bild zeigt ihn auf der Hirschhatz. Beide Darstellungen sollen von dem Maler Drawer stammen und sind gewiß ein Ausdruck der hohen Selbsteinschätzung eines Marschenbauern, der mit seinem Lebensstil nicht hinter Bürgertum und Adel zurückstehen wollte.

Rave berichtete auch von einer „wunder-hübsche(n) alte(n) Stube mit Wandtäfelungen und Fliesen ringsum, einem alten Bilegger, einer Kommode und einem großen reichgeschnitzten Hamburger Kleiderschrank", die der Stolz seiner Verwandten war. So entsprach die bäuerliche Wohnausstattung in den Marschengütern ihrer Qualität und ihrem Habitus nach durchaus der der übrigen Elbmarschen.

Dithmarschen

Vor 2000 Jahren wurden die Dithmarscher Seemarschen durch Wurten- und danach in Geestrichtung durch Reihen- und Ausbausiedlungen bevölkert. Der fruchtbare Marschboden bestimmte den Reichtum des Landes. Seine Erträge gingen vor allem über See in die niederländischen Städte sowie nach Bremen, Hamburg und Lübeck.

Aus wachsendem Wohlstand wuchs das Bedürfnis nach Macht und politischer Selbständigkeit. Keine andere Landschaft in Schleswig-Holstein war seit dem hohen Mittelalter so von ihrer Eigenstaatlichkeit erfüllt wie Dithmarschen. In der Schlacht von Hemmingstedt 1500 vermochte es seine Unabhängigkeit gegenüber den Landesherren noch einmal wirkungsvoll zu verteidigen. Aber in der Letzten Fehde 1559 ging sie an diese verloren: Seit 1581 wurde der nördliche Landesteil herzoglich, der südliche königlich. Eine gewisse Selbstverwaltung durch die bäuerliche Führungsschicht blieb jedoch erhalten, und einige Privilegien sicherten den beiden Landschaften einen besonderen Status.

Der materielle Wohlstand der Marschbauern – die Geest stand dahinter weit zurück – spiegelte sich in dem stattlichen Süderdithmarscher Haus wider. Es wandte seine Wohnseite wie das Husmannshaus in der Wilstermarsch der Straße zu, besaß aber keine Durchfahrtsdeele, sondern eine den Wohn- vom Wirtschaftsteil abgrenzende Querdiele, die sog. Siddels oder Vördäl. Von diesem großen Mittelraum des Hauses gingen die Norder- und die größere, neben der Küche gelegene beheizbare Süderstube ab. Dazwischen lag nach

Abb. 172:
Fachhallenhaus aus
Süderdithmarschen
mit Siddels.
(Landesamt für Denkmal-
pflege Schleswig-Holstein)

Süden der große Pesel oder „Saal". Er war ungetäfelt und wurde nur bei besonderen Anlässen als Festraum, sonst wohl als Vorrats- und Abstellraum benutzt.

Neben dieser Hausform gab es auf der Süderdithmarscher Geest das Fachhallenhaus als Durchgangshaus, an dessen Ende in der Mitte des Wohnteils der Pesel und daneben die Döns, beide mit Alkoven, lagen, ähnlich wie im Fehmarner Haus.

Schließlich hatten ostfriesische Einwanderer um 1788 vor allem im Kronprinzenkoog Häuser errichtet, deren Wirtschaftsteil wie beim Gulfhaus aus Vierkanten mit Hochstän-

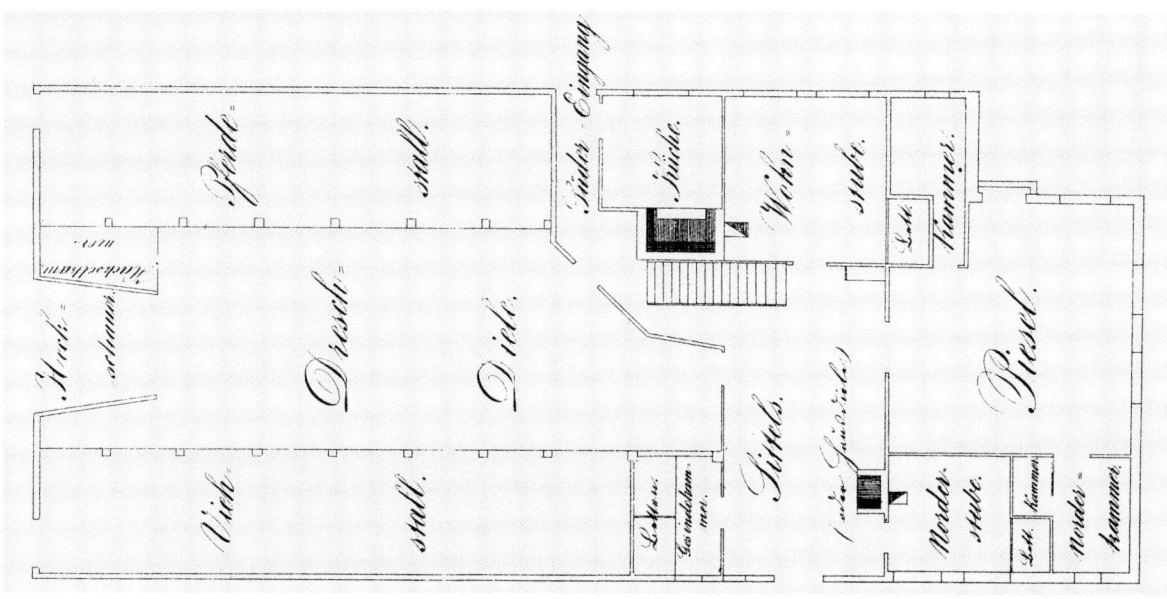

Abb. 173: Grundriß
eines Fachhallen-
hauses aus Süder-
dithmarschen mit
Siddels.
(J. J. H. Lütgens, Kurzgefaßte
Charakteristik der Bauern-
wirthschaften in den Her-
zogthümern Schleswig und
Holstein, 1847)

Abb. 174: Siddel aus Lehe, 1781. Im Hintergrund des breiten, dielenartigen Raumes steht ein wuchtiges Hamburger Schapp, rechts ein Küchen- oder Geschirrschrank.
(Foto Dieter Schmidt-Sommerfeld. Schleswig-Holsteinisches Freilichtmuseum)

dern bestand. Der Wohnteil war durch eine Querdiele davon getrennt und wurde von der Straßenseite her über eine Vordiele betreten. Einen Pesel kannte dieser Haustyp nicht, dafür eine große Norder- und geräumige, beheizbare Süderstube.

In Norder- wie Süderdithmarschen traf man auf das Dverhaus, das mit der Traufseite zur Straße lag und dessen Wirtschaftsteil auch von hier aus aufgeschlossen wurde. Der Wohnteil dagegen war von der Schmalseite im Westen erreichbar und in sich abgeschlossen. Über die Vordäl gelangte man in die nördlich gelegene beheizbare Stube neben der Küche. Zwei größere Stuben im Süden waren unbeheizbar. Die Bezeichnung Pesel gab es auch in diesem Haustyp nicht.

Ungeachtet der Vielfalt von Hausformen in beiden Teilen Dithmarschens lassen sich doch Gemeinsamkeiten in der Ausstattung der Wohnungen erkennen. Zunächst fiel dem Kieler Professor Nikolaus Tetens um 1788 auf, daß bei wirtschaftlich guten Umständen „Wohlstand in der Auszierung der Zimmer,

und in den Meublen" herrschte und häufig an alten Formen festgehalten wurde. Sieht man jedoch näher hin, so erweist sich, daß modische Strömungen großen Einfluß besaßen. Ende des 18. Jahrhunderts machte sich das Rokoko in ornamentierten Pilastern mit hervortretenden Kapitellen und darüber verlaufenden geschwungenen Gesimsen um die Bettöffnungen bemerkbar. Diese waren mit Beiderwandvorhängen verschlossen, die figürliche Darstellungen wie Christus und die Samariterin am Brunnen trugen und im Lande hergestellt worden waren. Daneben konnten „Bankladen" stehen, in denen, vom Bett schnell erreichbar, Kostbarkeiten aufbewahrt wurden, die aber auch als Sitzgelegenheiten dienten (KÖNENKAMP 2000). Außerdem gab es runde, messingne Bettwärmer mit getriebenen, durchbrochenen und gepunzten Deckeln, an langen Stielen hängend, die häufig holländischer Herkunft waren.

In hellbunter Bemalung erschienen an den Wandpaneelen Fruchtgehänge, Blumenarrangements und Prunkvasen. Dieser Stil hielt sich

*Abb. 175: Durch-
gangshaus aus Süder-
dithmarschen.*
*(Landesamt für Denkmal-
pflege Schleswig-Holstein)*

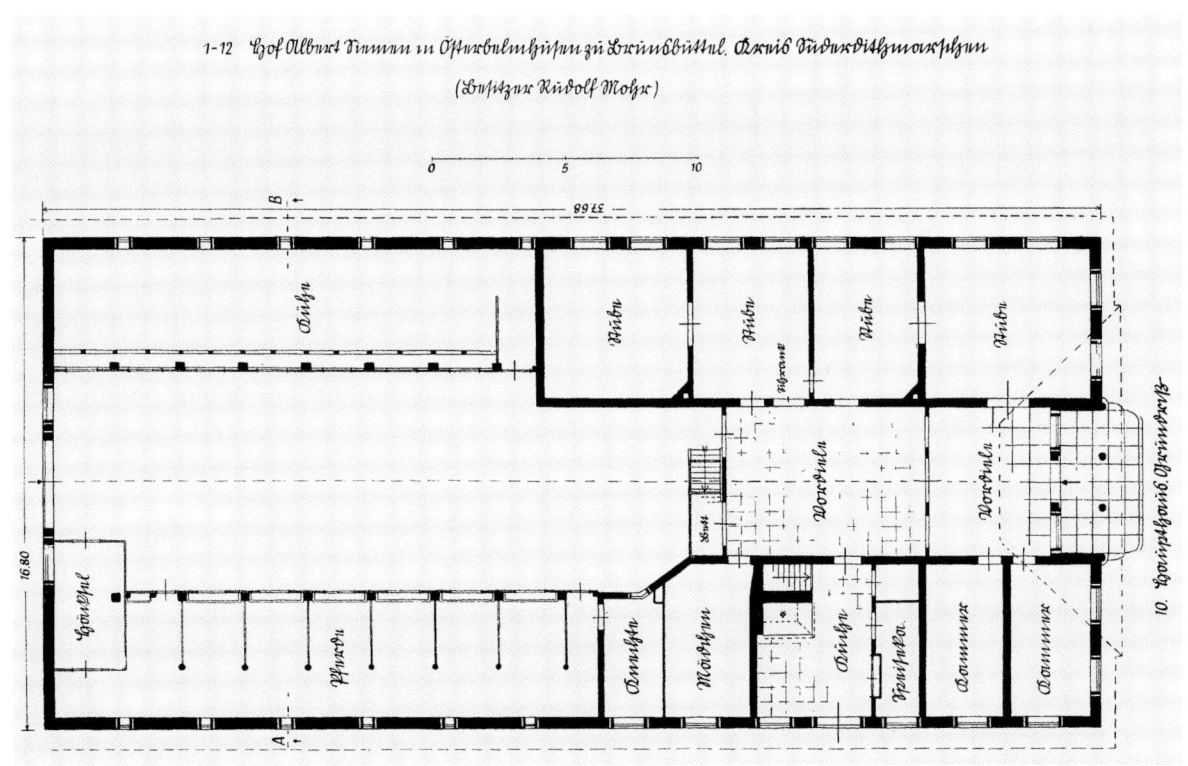

*Abb. 176: Grundriß
eines Durchgangs-
hauses aus Süder-
dithmarschen.*
*(Gustav Wolf, Haus und Hof
deutscher Bauern.
Schleswig-Holstein)*

Abb. 177: Pesel aus
Odderade, 1647. Das
streng gegliederte
Paneel wird durch
eine Tür und zwei
beiderseits davon
angeordnete Alkoven
mit Beiderwandvor-
hängen bestimmt.

(Ernst Sauermann,
Alt-Schleswig-Holstein und
die Freie und Hansestadt
Lübeck, 1911)

lange, auch wenn sich zu gleicher Zeit Zopfstil und Klassizismus durchzusetzen begannen.

Nicht immer zeigten die Stubenwände Holzvertäfelung. Manchmal waren auch Wände mit Fliesen bedeckt, die aus den holländischen Orten Makkum und Harlingen stammten und in ganzen Schiffsladungen über die Nordsee nach Dithmarschen wie auch in andere Teile Schleswig-Holsteins gelangten.

Wie sehr vermögende Dithmarscher sich darum bemühten, ihre Wohnkultur auf der Höhe der Zeit zu halten, belegt das Familienporträt des Vollmacht Hansen aus dem Kronprinzenkoog, das 1796 von Nikolaus Peters als Aquarell angefertigt wurde. Es ist zugleich ein Zeugnis für die Ausbreitung städtischer Kultur in den Häusern wohlhabender Dithmarscher Bauern: Auf dem zierlichen Tisch, um den herum die Familie sitzt, steht kostbares Wedgewood – Geschirr. Im Hintergrund links ist ein geöffneter Schreibschrank

zu sehen, in dem Papiere und gefüllte Geldsäcke liegen. Die Stubentüren tragen reliefgeschmückte Supraporten. In der rechten Ecke befindet sich eine mächtige klassizistische Uhr. Im Vordergrund links wird der Teekessel auf einem tragbaren Ofen warmgehalten.

Es gab aber auch Dithmarscher Stuben, deren Paneele schlicht waren. Insgesamt ist auffällig, daß weder die kassetierte Wandverkleidung noch das Mobiliar aus der benachbarten Wilstermarsch Zugang gefunden haben. Offenbar machte sich gegen Ende des 18. Jahrhunderts eine Modernisierung der Inneneinrichtungen bemerkbar. Daran waren vor allem örtliche Handwerker beteiligt, deren Namen überliefert sind wie z. B. der des Tischlers Johannsen mit seiner Werkstatt in Eddelak.

Die Truhen in Dithmarschen wiesen vier Arkadenfelder auf, in denen je ein Stern eingelegt sein konnte. Es gab aber auch solche mit zwei Feldern, aus denen Engelsköpfe hervor-

traten und darüber Masken sowie rundherum vegetative Verzierungen und Vögel. Solche Truhen waren im Laufe des 18. Jahrhunderts häufiger mit Kugelfüßen versehen.

Eine Besonderheit im Dithmarscher Pesel waren bis ins 18. Jahrhundert die Schenkschiewen. Dabei handelte es sich um wandfeste, meist dreigeschossige Schränke mit einer als Anrichte herausklappbaren Platte. Diese „schive" leitet sich etymologisch von „Tisch, Eßtisch" ab und diente bei der Bewirtung von Gästen der Aufstellung wertvoller Speise- und Trinkgeschirre. Der Geistliche Johann Adolf Köster, gen. Neocorus, berichtete um 1600 in seiner Chronik des Landes Dithmarschen, daß die Bauern in der Schenkschiewe „ehre stattliche glese, sulverne geschirre vorwah-

ren"[22]. Auf der Schauseite waren meist Bildschnitzereien zu sehen, wie die Taufe Christi, dessen Abendmahl oder das Gleichnis vom reichen Prasser und armen Lazarus. Daß Schenkschiewen besonders zahlreich in Dithmarschen vertreten waren, hängt sicherlich mit den hohen Erlösen zusammen, die die Bauern durch ihren Kornexport im 16. und 17. Jahrhundert erzielten. Lieferanten des Möbels dürften ursprünglich Hamburger „Kunthormacher" (Verfertiger feiner Tischlerarbeiten) gewesen sein, von denen ein solcher Schrank seit 1540 als Meisterstück verlangt wurde.

Für die Döns war das Hörnschapp typisch, das seit dem frühen 17. Jahrhundert als repräsentatives Gelass kostbares Geschirr enthielt,

Abb. 178: Döns aus Osterrade, um 1820. Ofen- und Fensterwand sind gefliest. Auf dem hohen, von Armlehnstühlen flankierten Beileger steht eine Ofenstulpe, darüber ein Ofenreck, davor ein Klapptisch.
(Dithmarscher Landesmuseum Meldorf)

Abb. 179: Döns aus Kattrepel, 1782. Sie ist mit dem üppigen Dekor des Rokoko ausgestattet: Die Stubentür zeigt Sprossenfenster und eine Füllung von Rocaillen, Blattwerk und Fruchtkorb, einem Medaillon mit Spiegelmonogramm und Jahreszahl. Das Wandbett rechts daneben wird von seitlichen Pilastern und volutenartig gestalteten Gesimsleisten mit Blättern, Blüten und Weintrauben eingerahmt.
(Altonaer Museum in Hamburg)

Abb. 180: Döns aus Westerbüttel, 1792. Der Alkoven ist mit einem Beiderwandvorhang verschlossen, mit Pilastern und vielfach profiliertem Gesims eingerahmt. Über die Stubentür ist ein Medaillon mit Jahreszahl eingearbeitet. Der Wandschrank daneben enspricht in seiner Gestaltung dem Alkoven.
(Walter Dammann, Nordelbinger Volkskunst, 1924)

Abb. 181: Döns aus Dingen, 1800.
a) Rechts neben dem Ofen eine eingebaute Schatulle, deren Türen über der Schreibklappe wie die der Wandbetten gestaltet sind.
(Stiftung Schleswig-Holsteinischer Landes-museen, Volkskundliche Sammlungen)

b) Das Wandbett mit den Flügeltüren links, danach folgend die eingebaute Standuhr, die Stubentür mit Medaillon und Schleifen als Bekrönung und der Wandschrank rechts daneben weisen rokokohafte und Elemente des Louis-Seize-Stils auf.
(Ernst Sauermann, Alt-Schleswig-Holstein und die freie und Hansestadt Lübeck, 1911)

Abb. 182: Norder-stube aus Dingen, 1800. Rechts der Bei-leger mit Ofenreck, über der Fliesenwand ein Medaillon, um-rahmt von Vögeln und Weintrauben, und beiderseits prächtig ausgestal-tete Alkoven mit Flügeltüren im Stil des späten Rokoko.
(Dithmarscher Landes-museum Meldorf)

Abb. 183: Döns aus
Westerbüttel, 1792.
An die Stelle des
kastenförmigen
Beilegers, wie er für
die bäuerliche Wohn-
kultur lange bezeich-
nend war, tritt nun
ein schmaler hoher
Ofen im Louis-Seize-
Stil mit Vase als
modischer Bekrö-
nung. Die Blatt-
rosette an der Decke
ist von vier Kreisen
mit Blättern und
Schleifen umgeben.
(Museumsberg Flensburg)

Abb. 184: Döns aus Bunsoh, um 1700. Von den insgesamt drei Alkoven sind hier zwei zu sehen, die wie die Stubentür oberhalb in schlichter Weise von schmalen Bänden mit Muschelornamenten und Rankenwerk eingerahmt sind. Die Wiege steht neben der Bettstatt, um den Kontakt zwischen Mutter und Kleinkind auch in der Nacht zu gewährleisten.
(Dithmarscher Landesmuseum Meldorf)

Abb. 185: Der Dithmarscher Bauer, Kaufmann und Landesgevollmächtigte Jacob Jochims und seine Tochter aus Marne. Aquarell von Niclaes Peters, Hermanns Sohn, 1796. Im Hintergrund links ist der Beileger zu sehen, davor der ausgeklappte Tisch, rechts ein freistehendes Bett mit Paradekissen unter dem Baldachin.
(Kai Detlev Sievers, Schleswig-Holsteinische Bauernstuben, 3. Aufl. 1980. Privatbesitz)

*Abb. 186: Gulfreihe-
haus aus Süder-
dithmarschen.*
(Landesamt für Denkmal-
pflege Schleswig-Holstein)

*Abb. 187: Grundriß
eines Gulfreihe-
hauses aus Süder-
dithmarschen.*
(Gustav Wolf, Haus und Hof
deutscher Bauern.
Schleswig-Holstein, 1940)

neben dem Platz des Hausvaters stand und bis ins ausgehende 18. Jahrhundert diese Bedeutung behielt. Das in Eiche geschnitzte Möbel besaß ursprünglich einen zwei-, später einen dreiteiligen Aufbau, bei dem das etwas niedrigere Zwischengeschoß auf der Türseite zurücktrat. Die beiden Schauseiten des im Winkel aufgestellten Schrankes konnten Schnitzwerk von Sprossen, Blüten, Blättern, Ranken und Rosetten aufweisen, die Türen verkröpfte Rahmen.

Als Sitzgelegenheiten dienten in der Döns wie im Pesel feste Bänke, die mit Kissen und Decken belegt waren. In älterer Zeit scheinen meist einfache Pfostenstühle verwendet worden zu sein. Als Frauenstuhl galt zu Neocorus' Zeit der Dreipfostenstuhl mit Binsensitz. Stühle waren damals aber keine Selbstverständlichkeit. Später leistete man sich englische Stühle. Von dem bereits genannten Vollmacht Hansen aus dem Kronprinzenkoog ist überliefert, daß er sich für den Besuch des Statthalters des dänischen Königs eigens drei Dutzend Mahagonistühle für je acht Reichsta-

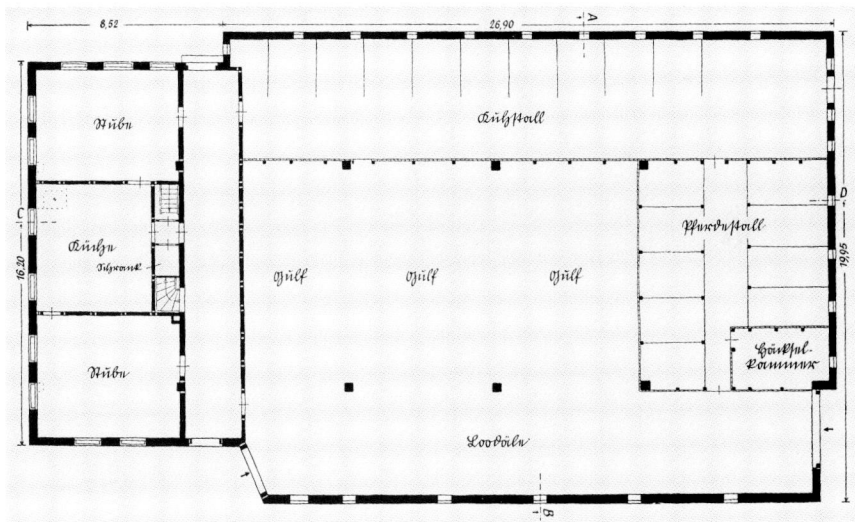

ler möglicherweise aus Hamburg oder Altona oder gar aus England kaufte, wie in den Schleswig-Holsteinischen Provinzialberichten von 1796 nachzulesen ist.

Als Tische wurden in älterer Zeit Schragenoder Stollentische bevorzugt, später auch Klapptische, wie sie z.B. im Meldorfer und Altonaer Museum zu sehen sind.

Abb. 188: Die Familie des vermögenden Vollmacht Hansen (der „Dithmarscher Napoleon") aus dem Kronprinzenkoog. Aquarell von Niclaes Peters, Hermanns Sohn, 1796. Hansen war einer der führenden Großbauern der Marsch. Die Ausstattung ist daher von klassizistischer Eleganz. Im Vordergrund die Familie des Hausherrn, in der Türöffnung ein beladener Erntewagen, die Grundlage für den Reichtum.
(Ernst Schlee, Schleswig-Holsteinisches Volksleben in alten Bildern, 1963. Privatbesitz)

Die Döns wurde durch den Beileger erwärmt, zu dem die messingne Ofenstulp zum Warmhalten von Speisen gehörte. Auf seinen aus dem Harz oder Hessen stammenden gußeisernen Reliefplatten konnten für das 17. Jahrhundert Motive wie die Verkündigung Mariä oder das Gleichnis vom verlorenen Sohn zu sehen sein. Auch hier gab die dahinter liegende gefliese Wand zusätzlich Wärme ab. Im Laufe des 19. Jahrhunderts traten Vorderladeröfen mit eigenem Rauchabzug an die Stelle der Beileger. Daneben dienten, wie der Dithmarscher Chronist Neocorus für das 16. Jahrhundert berichtet, „Kieken" der Bewärmung. Das waren mit Lehm bestrichene Faßböden mit einem Rand, der vor herabfallender Glut schützte, oder mit Feldsteinen ausgelegte, lehmbestrichene „Feuerkisten" auf Beinen oder Rädern (KÖNENKAMP 2000).

Nach der Mitte des 19. Jahrhunderts veränderte sich auch in den Dithmarscher Bauernhäusern so manches. Technisches Gerät trat an die Stelle altüberlieferter Haushaltsgegenstände. Man baute um und modernisierte. Darüber berichtete der spätere Plöner Bürgermeister Johann Christian Kinder (1843–1914) in seinen Jugenderinnerungen, die er mit dem Kirchspieldorf Lunden verband, wo seine Eltern ein Ladengeschäft und Landwirtschaft betrieben hatten:

„Im Haus herrschte die allergrößte Sparsamkeit, wenn auch die Ausstattung der großen (besten) Stube einen für Lunden schon erheblichen Luxus zeigte. Die Wände waren mit auf Leinwand geklebten Tapeten bedeckt. Die Zimmerdecke und die Ofennische zeigten Gipsstuck. Mahagonimöbel mit Roßhaarpolsterung, Kupferstiche, Decken, Teppiche, Porzellanvasen gaben dem Zimmer einen behaglichen und behäbigen Anstrich. In der besten (Fremden-)Schlafstube standen zwei Kronbettstellen (vermutlich Himmelbetten, K. D. S.), oben an der Krone mit vergoldeten Kugeln verziert. Buntgeblümte mit Spitzen garnierte

Abb. 189: Fachhallenhaus mit Durchfahrtsdiele auf der holsteinischen Geest.
(Landesamt für Denkmalpflege Schleswig-Holstein)

Abb. 190: Grundriß eines Fachhallenhauses mit Durchfahrtsdiele auf der holsteinischen Geest.
(Arnold Lühning, Der „Altdeutsche Gasthof" Harms in Kellinghusen und die Kellinghusener Zimmer im Landesmuseum. In: Nordelbingen 1990)

Vorhänge schlossen bei Tage die Betten nach außen hin ab. Ein Bettband mit Trottel hing inwendig von der Krone herab zum Anfassen beim Aufrichten des Erwachten. In derselben Stube stand ein Teeschapp mit Glasfensteraufsatz im Rokokostil ...

Zum Umherleuchten im Keller und in den Kammern hatten wir Talg- und Stearinlichte zum Preise von einem Dreiling bis zu zwei Schillingen das Stück, die auf messingnen Leuchtern standen. Auf dem Leuchterteller lag stets die Lichtputzschere, die häufig mit einigem Geschick zum Schneutzen des verbrannten Lichtdochts gebraucht werden mußte ... In der besten Stube stand eine Moderateur-Kugellampe, in welcher sich eine Maschine befand, mittels welcher man von Zeit zu Zeit das Öl auf den Lampenfuß zum runden Docht hinaufpumpen konnte. Die Zimmeröfen waren aus dicken Eisenplatten angefertigt. Im Wohnzimmer stand ein Beileger, welcher vom Küchenherd aus geheizt wurde. Ihn trugen eiserne gewundene Säulenfüße. Auf den Seitenplatten sah man das Ur-

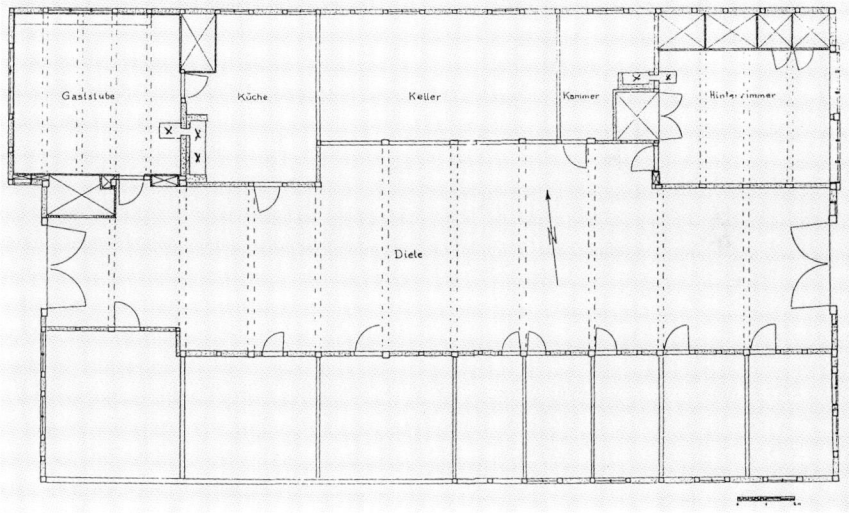

teil Salomonis und den Einzug Christi in Jerusalem dargestellt. Vorne am Ofen saßen faustgroße Messingknöpfe, und auf dem Ofen war ein Aufsatz aus beputzten und bemalten Ziegelsteinen aufgemauert, der einen Bratraum einschloß. Als im Jahre 1852 die Küche umgebaut wurde und Vater nach dem Abbruch der alten Werkstatt ein großes Stallgebäude mit

Abb. 191: Gaststube aus Vorbrügge/Kellinghusen, 1749.

a) In der vorderen Gaststube von der Größe der Grootdöns eines Marschenhofes zeigt die südliche Längswand eine Tür mit Supraporte, das Paneel Wandschränke und Alkoven mit zwei Schiebetüren aus der Erbauungszeit. Aber Sofa, Tisch, Stehpult, Wandbilder und Lampen stammen aus der zweiten Hälfte des 19. Jahrhunderts und künden eine neue Zeit an.

(Arnold Lühning, Der „Altdeutsche Gasthof" Harms in Kellinghusen und die Kellinghusener Zimmer im Landesmuseum. In: Nordelbingen 1990)

b) Die Südostecke des Raumes mit Ofenwand und Beileger sowie Paneel gibt den Zustand bei Erbauung des Hauses wieder.

(Arnold Lühning, Der „Altdeutsche Gasthof" Harms und die Kellinghusener Zimmer im Landesmuseum. In: Nordelbingen 1990)

Abb. 192: Hinterzimmer aus Vorbrügge/ Kellinghusen, 1749. Das Paneel links enthält zwei Wandbetten, die anschließende Tür mit Blumen, Vögeln und Bäumen bemalte Füllungen. Hochlehnige Chippendalestühle wie die vor dem Fenster wurden massenhaft über Hamburg aus England importiert oder in Schleswig-Holstein nachgebaut.
(Stiftung Schleswig-Holsteinische Landesmuseen, Volkskundliche Sammlungen)

Speicher errichten ließ, verschwand auch der Beilegerofen und an seine Stelle trat ein aus Fernsicht bei Kellinghusen bezogener weißer Kachelofen mit eingesetztem Eisenkasten. Rechts und links vom Ofen standen Lehnstühle für Vater und Mutter. Die letztere hatte ein großes eisernes Kohlenbecken zur Seite mit dem kochenden Wasserkessel. Wir Kinder saßen dann abends um den an den Ofen herangezogenen Teetisch herum. Wenn Gäste dawaren, erschienen auf dem Tische ein Messing-Samowar, eine silberne Zuckerschale mit silberner Zuckerzange, eine silberne Kaffeekanne, Porzellantassen mit Füßen"[23].

Die holsteinische Geest

Die holsteinische Geest als Teil des schleswig-holsteinischen Mittelrückens lag höher als die fruchtbaren Marschländereien und war daher eine verkehrsfreundliche Landschaft, die schon früh besiedelt wurde, auch wenn der Boden nicht besonders ertragreich war. Sie umfaßte als größere Verwaltungseinheiten seit der frühen Neuzeit die königlichen Ämter Rendsburg und Segeberg und die herzoglichen Ämter Bordesholm, Neumünster, Tremsbüttel, Steinhorst, Trittau und Reinbek sowie zahlreiche Gutsherrschaften.

Dominanter Haustyp der westholsteinischen Geest war das niederdeutsche Fachhallenhaus als Sackdielenhaus (früher auch Flettdielenhaus genannt). Man betrat das Gebäude dielenseitig durch das Einfahrtstor (Grootdör) und gelangte auf der lehmgestampften Diele in das als Wohnabteil quergelagerte, mit Kieselsteinen gepflasterte Flett, wo an der Mitte der Rückwand der Herd stand. Zu seiner linken Seite befand sich eine offene Abseite (Lucht),

153

Abb. 193: Stube aus Todenbüttel, vor 1700.
a) Die Ofenwand ist mit holländischen Fliesen in schönen, einfachen Mustern belegt. Daneben gewährt das Blickfenster die Sicht auf die Tenne des Hauses. Das schwere Eichenholzpaneel ist auf Dauerhaftigkeit angelegt.
(Altonaer Museum in Hamburg)

b) Über der Tür ist ein kleiner Wandschrank zu sehen, vor dem Fenster eine Sitzbank mit ausgeklapptem Tisch.
(Altonaer Museum in Hamburg)

a

in der einander gegenüberliegende, halbbogige Wandbetten untergebracht waren. Davor konnten Bänke und ein Tisch stehen. Im 15. Jahrhundert entwickelte sich das Kammerfach als eigenständige Wohnzone im Anschluß an das Flett. Es enthielt eine Stube, die vom Herd aus über einen Beilegerofen zu beheizen war, und Kammern. Im Laufe der Zeit dehnte sich das Volumen des Kammerfaches aus.

Obgleich es bis in das beginnende 20. Jahrhundert eine große Anzahl von Sackdielenhäusern gab, blieben doch viel weniger Stubeneinrichtungen erhalten und wurden in Museen überführt als z. B. aus den Elbmarschen oder Nordfriesland.

Diese Tatsache steht möglicherweise damit in Zusammenhang, daß jene prächtiger oder origineller ausgestattet waren als diese. Denn

die Döns in einem Fachhallenhaus mit Kammerfach auf der holsteinischen Geest besaß oft nur bescheidene Ausmaße und eine einfach gestrichene oder roh gebliebene Täfelung aus Rahmen und Füllungen. Einzig die Umrisse der mit Vorhängen versehenen Wandbetten konnten mit ihren Schwüngen ein Schmuckelement aufweisen. Unter dem Fenster muß man sich eine wandfeste Bank, vorstellen, davor einen Tisch und dazu ein Paar einfache Pfostenstühle. Für Wärme sorgte der gußeiserne Beileger.

Daß Bauernhäuser auf der holsteinischen Geest aber auch sehr stattlich sein konnten, belegt ein Beispiel aus Kellinghusen-Vorbrügge im Amt Rendsburg, mit dem sich Arnold Lühning (1990) ausführlich befaßt hat. Dort ließ sich ein vermögender Mann 1749 einen mächtigen Neubau errichten. Es handelte

b

sich um ein Durchfahrtsdielenhaus mit Wohnräumen in den Abseiten.

Der Bauherr verdiente sein Geld hauptsächlich mit dem Betrieb einer Gastwirtschaft. Die Gaststube wies jedoch alle Charakteristika eines bäuerlichen Wohnraums auf, wie sie für ein weiträumiges niederdeutsches Fachhallenhaus typisch waren. Sie lag zur Straßenseite in der vorderen Abseite und besaß zur Diele hin ein bleiverglastes Blickfenster mit geschweift ausgesägten Seitenwangen und durchbrochenem Scheitelbogen. Die Wand an dieser Seite war in einfacher Weise getäfelt. Der Rahmen bestand aus Eichenholz mit Viertelstabprofilen an den Kanten und rechteckig hervorgehobenen Eschenholzfüllungen mit Kehlen an den Rändern. Die Stubentür war mit einer Supraporte geschmückt. Daneben gab es mehrere Wandschränke und

ein Wandbett mit zwei Schiebetüren. Die gegenüber liegende Wand wie die zur Straße hatte man nur mit einfachen, genuteten Kieferbrettern verkleidet. Dagegen bestand die Wand zur Küche rund um den Beileger aus blaubemalten westfriesischen Fliesen mit biblischen Figuren aus dem 18. Jahrhundert.

Der gußeiserne Beileger ruhte auf zwei Füßen aus Schmiedeeisen. Dem Zuge der Zeiten folgend trat an seine Stelle in der ersten Hälfte des 19. Jahrhunderts ein Ofen mit klassizistischem Vasenmotiv, in den 1890er Jahren ein hoher Kachelofen.

Das Bemerkenswerte an der Döns waren die Bemalungen auf den Paneelen. Die Rahmenteile hatte man blaugrau gefaßt, alle Profilkanten an Rahmen und Füllungen braunrot. Die Füllungsfelder trugen Malereien in ockerfarbener Umfassung. Die feststehenden Teile

Abb. 194: Stube aus Oersdorf, 1846. Der Beileger von 1846 mit einer Darstellung von der Ausgießung des Heiligen Geistes in Gestalt der Taube gibt die einfachen Linien neuartiger Gestaltung wieder, rechts davon eine eingebaute Schatulle mit Schränken und neben der Tür das Blickfenster.
(Landesamt für Denkmalpflege Schleswig-Holstein)

Abb. 195: Stube aus Hohenwestedt, 1803. Über dem Armlehnstuhl links hängen Mangelbrett mit Rollstab, verschiedene Ellen und Bettwärmpfanne, davor auf dem Fußboden eine Feuerkieke aus Kupferblech. Rechts ist ein Schreibschrank mit verglastem Aufsatz eingebaut. Die Fülle der Möbel und Kleingegenstände dürfte weniger der einstigen Realität entsprechen als mehr den Bedürfnissen eines Heimatmuseums.
(Landesamt für Denkmalpflege Schleswig-Holstein)

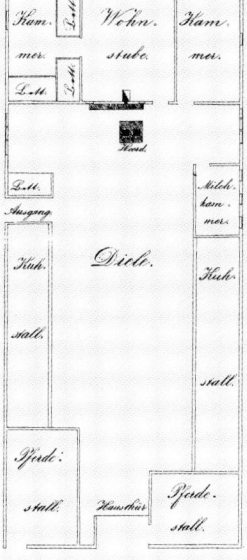

Abb. 196:
Bordesholmer Haus.
(Landesamt für Denkmal-
pflege Schleswig-Holstein)

Abb. 197: Grundriß
eines Bordesholmer
Hauses.
(J. J. H. Lütgens, Kurzgefaßte
Charakteristik der Bauern-
wirthschaften in den
Herzogthümern Schleswig
und Holstein, 1847)

der Innenwände waren mit Landschaften und Küstenbildern geschmückt, die von Türen, Wandbetten und -schränken sowie Supraporten mit figürlichen Darstellungen. Dagegen zeigten die Paneele der Außenwände vier großfigurige alttestamentliche Bilder: die Begrüßung des heimkehrenden Jephthah durch seine Tochter (Richter 1, 29–35), Adam und Eva am Baum der Versuchung, Jacobs Traum von der Himmelsleiter (1. Mose 28, 10) und der von einem Raben gespeiste Prophet Elia (1. Könige 17, 6). Als Maler dürfte ein in der Stadt ausgebildeter Handwerker infrage kommen, der auch Schränke und Truhen zu bemalen verstand.

Arnold Lühning (1990) hat darauf hingewiesen, daß die Kellinghusen Vorbrügger Stube die Besonderheiten zweier unterschiedlicher Raumtypen aufwies: einer Döns mit den wandfesten Gelassen von Bett und Schrank sowie dem Beileger und einer Sommerstube mit großzügiger Ausmalung der Paneele, wie sie seit Mitte des 18. Jahrhunderts in den Elb-

marschen bekannt war. Demnach war es auf der holsteinischen Geest damals üblich, Täfelungen in der Döns zu bemalen. In den Marschen dagegen bevorzugte man zur gleichen Zeit wertvolle Eichenholztäfelungen mit Schnitzereien.

Als die Kellinghusen Vorbrügger Stube um 1900 für den Ausbau und Wiedereinbau im Kieler Thaulow-Museum dokumentiert wurde, gab es außer einer wandfesten Bank und dem zugehörigen langen Kugelbeintisch mit flachen Fußzargen und einer Schieblade keine Einrichtungsgegenstände aus der Zeit der Errichtung des Hauses mehr. Dafür enthielt die Döns aber eine Reihe von Möbeln, die später erworben oder dem Geschmack der Zeit folgend angeschafft worden waren. Dazu gehörten die hohe Standuhr eines Kellinghusener Uhrmachers aus der Mitte des 18. Jahrhunderts, ein vermutlich aus den Elbmarschen stammender reichgeschnitzter Hängeschrank, ein großer flacher Hängeschrank aus dem 18. Jahrhundert, neun bäuerliche Chip-

Abb. 198: Pesel aus Großharrie, 1817. Vertiko links, Tisch und Stühle gehören dem letzten Drittel des 19. Jahrhunderts an. Der langgezogene Tisch unter dem Fenster ist wesentlich älter. Die beiden Porträts im Hintergrund sind von 1953.

(Foto Dieter Schmidt-Sommerfeld. Schleswig-Holsteinisches Freilichtmuseum)

Abb. 199: Döns aus Großharrie, 1817. Der Schreibsekretär, das mit Roßhaar bezogene Sofa und die Stühle um den Tisch stammen aus der zweiten Hälfte des 19. Jahrhunderts. Sie waren der Hufnerfamilie vorbehalten. Damit blieb das Gesinde von der Tischgemeinschaft ausgeschlossen.

(Foto Dieter Schmidt-Sommerfeld. Schleswig-Holsteinisches Freilichtmuseum)

Abb. 200: Döns aus Schipphorsterfeld im Gutsbezirk Bothkamp, 1801. Es ist die Zeit der Petroleumlampe (links auf einem Tischchen), die seit der Mitte des 19. Jahrhunderts auch auf dem Land das Kerzenlicht ersetzte. Der Sekretär links an der Wand, um 1850, trägt als Aufsatz einen Geschirrschrank. Sitzgruppe und Tisch gehören in die Mitte des 19. Jahrhunderts.
(Foto Dieter Schmidt-Sommerfeld. Schleswig-Holsteinisches Freilichtmuseum)

pendale-Stühle, ferner ein mit Wachstuch bezogenes Sofa im Stil des Louis-Philippe, ein Stehpult aus der ersten Hälfte des 19. Jahrhunderts, ein Kleiderständer neben dem Ofen, ein Spucknapf bei der Tür, drei Petroleum-Hängelampen, Blumentöpfe sowie Zinnteller, Humpen und irdene Schüsseln zur Dekoration der Wandgesimse. Offenbar war man sich im Laufe der Zeit der Wandmalereien überdrüssig geworden und begann, den Raum mit Möbeln vollzustellen, die dem sich wandelnden Geschmack des 19. Jahrhunderts entsprachen. Es muß jedoch berücksichtigt werden, daß der Raum nicht von vornherein als Wohnraum für die Hausgemeinschaft gedacht war, sondern als Gaststube und daher viel mehr Mobiliar nötig hatte als eine Döns. Daß er trotzdem in der traditionellen Form bäuerlicher Wohnräume konzipiert und u. a. mit Wandbetten ausgestattet wurde, mag daran gelegen haben, daß die Grenze zwischen privater und halböffentlicher Sphäre im damaligen Lebensvollzug unscharf blieb.

Auch das „Hinterzimmer" des Hauses, das in der Nordostecke lag, zeigte Paneele mit Wandbetten und Fliesenwände wie in einer Döns und diente doch einzig der Bewirtung und Unterbringung von Gästen. Möglicherweise verfügte das Haus sogar über eine zweite Herdstelle, von der aus das „Hinterzimmer" über einen Beileger beheizt werden konnte. Das ließe sich aber nur aus den spezifischen Funktionen eines Gasthauses erklären. Normalerweise gab es in den Fachhallenhäusern der holsteinischen Geest als Wohnraum nur eine erwärmbare Döns, einen Festraum dagegen, wie er als Pesel an der Westküste des Herzogtums und im Landesteil Schleswig bekannt war, nicht.

Neben dem Durchfahrtshaus gab es auf der holsteinischen Geest auch das Durchgangshaus, bei dem man das Gebäude hinten seitlich durch den „Achtergang" verlassen konnte. Es hatte nur eine Stube, die an der Rückseite lag und von dem offenen Herd davor über einen Beileger beheizt wurde. Auch hier erlaubte ein Blickfenster die Sicht auf die Diele bis hin zur Grootdör. Die beiden

Alkoven lagen an der Schmalseite zum „Achtergang" und wurden mit Schiebetüren verschlossen. Über den Türen waren Wandschränke untergebracht. Die Wandverkleidung bestand aus Eichenholz, oft einfach, aber dauerhaft ausgeführt, zuweilen in barocker Manier verschönt. Ob sie einmal angestrichen oder gar bemalt war, bleibt dahingestellt. Als ebenso durabel erwiesen sich die gefliesten Wände, vor allem zur Küche, mit den holländischen „Drietulp" oder dem „Bloomenpott". Gelegentlich tauchte auch einmal aus dem nahe gelegenen Hamburg ein Kachelofen statt des Beilegers auf. Aber das dürfte eher die Ausnahme gewesen sein.

Bescheiden war das Mobiliar: die wandfeste Bank, der Klapptisch oder der mächtigere Tisch auf Seitenwangen, die Pfostenstühle mit Binsengeflecht, die schlichte Kastentruhe oder die hochbeinige Stollentruhe. Solche Interieurs aus Todenbüttel und Borstel sind im Altonaer Museum zu sehen.

Östlich vom Amt Rendsburg lag auf der Geest das Amt Bordesholm. Es grenzte im Norden an das Amt Kiel und im Süden an das Amt Neumünster an und war bis zur Reformation Territorium des Klosters Bordesholm. Nach 1581 ging es in herzoglichen Besitz über.

Über die Beschaffenheit des Bordesholmer Hauses mit seinem kennzeichnenden dreistufigen Steilgiebel aus Eichenholz und dem kunstvoll geschmiedeten Brantspieß (wahrscheinlich etymologisch mit Brahmstange zusammenhängend) berichtete der Kieler Professor der Kameralistik Georg Hanssen 1842 in seiner Topographie „Das Amt Bordesholm im Herzogthume Holstein":

„Das Hauptgebäude, welches auch die Ställe für das Rindvieh und die Pferde, die Dreschdiele und einen oberen Raum für die geerndteten Producte enthält, ist nach dem auf der holsteinischen Geest gewöhnlichen Typus gebaut, welcher auch mit der von Möser in seinen patriotischen Phantasien nach ihren Vorzügen so treffend geschilderten westphälischen Bauart völlig übereinstimmt; doch hatte das Hauptgebäude früher und wahrscheinlich ursprünglich auch in Westphalen nicht, wie jetzt, blos eine Einfahrt,

sondern eine Durchfahrt beim Heerde vorbei, an welchem sich ursprünglich nach hinten zu nur ein Zimmer anlehnte, während jetzt bekanntlich 2 Stuben neben einander die ganze Breite des Gebäudes hinten ausfüllen"[24].

Hanssens Bemerkung zielte auf den wachsenden Wohlstand hin, der vor allem Anfang des 19. Jahrhunderts den Bordesholmer Festebauern, die ihre Höfe als Erbpächter oft über Jahrhunderte in der gleichen Familie halten konnten, erlaubte, den Wohnteil zu vergrößern und mit zwei geräumigen Stuben auszustatten.

Erstaunlich ist, daß man wenig über die Einrichtung dieser Stuben weiß. Offenbar interessierten sich Hausforscher wie z.B. Otto Lehmann (1927) mehr für das Raum- und Funktionsgefüge der in ihrer Eigenart so charakteristischen Bordesholmer Häuser als für die Wohnkultur. So haben wir über die in ihnen aufgestellten Möbel kaum Kenntnisse. Präzise Aufschlüsse über die Wandverkleidung einer Döns aus Wattenbek gibt dagegen Gerhard Röper:

„Das Paneel der einen Längswand besteht aus mehreren Teilen. Rechts am Fenster ist ein zweiteiliger Schrank eingebaut. Die erhabenen Füllungen der Flügeltüren des Unterteils sind kurvig gespitzt profiliert und mit Palmetten an den Ecken geschmückt. Eine gekurvte Leiste trennt die beiden Teile. Das Oberteil hat eine nach oben gerundete Flügeltür mit sechsteiligen Sprossenfenstern. Ein geschwungenes, zweiteiliges Gesims, das in der Mitte in Voluten endet, die einen Zapfen tragen, bildet den Abschluß.

Die Tür links daneben hat in glattem Rahmen zwei erhabene Füllungen, die an den Ecken gerundet profiliert sind. Die Zwickel zeigen plastisch herausgearbeitete Tulpen. Vier Reihen Füllungen in glattem Rahmen gliedern das (Wandbetten-)Paneel. Oben und unten besteht es aus je drei queroblongen (oblong=rechteckig, K. D. S.), erhabenen Feldern, in der Mitte aus je vier fast quadratischen einschließlich der Schiebetüren des Wandbettes. Alle Füllungen sind erhaben und an den Ecken rund profiliert. Die Zwickel der unteren Füllungen sind mit

Abb. 201: Haus aus der Probstei.
(Landesamt für Denkmalpflege Schleswig-Holstein)

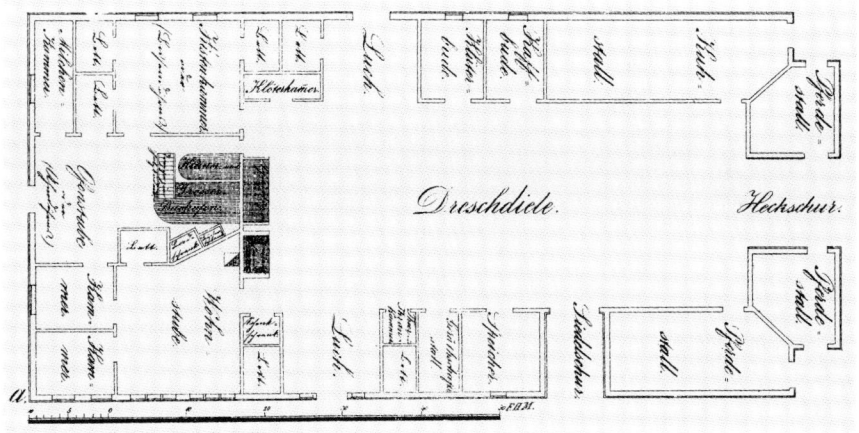

Abb. 202: Grundriß eines Hauses aus der Probstei.
(J. J. H. Lütgens, Kurzgefaßte Charakteristik der Bauernwirthschaften in den Herzogthümern Schleswig und Holstein, 1847)

Palmetten besetzt, die der anderen mit Blütenmotiven.

Links übereck in der Wand mit dem „Bilegger" sitzt das „Kiekfenster". Es ist nach oben gerundet und mit flach ausgesägten Blüten und Blättern an den Seiten und oben geschmückt. Die erhabene Füllung der Wandschranktür darunter ist an den Ecken profiliert. Die Zwickel sind mit Blattornamentik besetzt.

Die Tür rechts daneben hat in glattem Rahmen zwei erhabene Füllungen, die an den Ecken ebenfalls rund profiliert sind. Die Zwickel der unteren Füllung und die unteren Zwickel der oberen Füllung zeigen Palmetten, die oberen Zwickel Blattwerk. Die Paneele in Wattenbek sind grau und weiß angestrichen"[25].

Das geschwungene Gesims des Tassenschranks könnte von den Elbmarschen beeinflußt worden sein. Die Zwickel in den Füllungen der Alkovenpaneele deuten auf die Nähe der Probsteier Stuben hin.

Die Probstei

Die Probstei lag östlich von Kiel und stellte eine eigene Kulturlandschaft dar. Auch hier konnten die Bauern ihre Seßhaftigkeit über viele Generationen nachweisen, weil sie nach der Reformation weiterhin auf ihren guten Böden als Erbpächter unter der milden Herrschaft des nunmehr in ein adeliges

161

Abb. 203: Döns aus Bendfeld, 1749.
a) Über dem Beileger ist ein zierliches Wandschränkchen mit Intarsien in der Türfüllung und der Jahreszahl 1749 angebracht. Die Wandnische am Ofen zeigt grobe rautenartige und feinere Fliesen mit Blumendekor.
(Stiftung Schleswig-Holsteinische Landesmuseen, Volkskundliche Sammlungen)

b) Die Türen sind mit Intarsien von Sternen und Blumen besonders reich geschmückt. Aber auch die Paneele weisen eingelegte Vasen mit stilisierten Blumen, Rosetten und Sternen auf.
(Ernst Sauermann, Alt-Schleswig-Holstein und die Freie und Hansestadt Lübeck, 1911)

Abb. 204: Döns aus Schönberg, Ende 18. Jahrhundert.
a) Die rundbogige Doppeltür des Alkovens ist mit volutenförmigen Profilen in den oberen Füllungen verziert. Neben dem Beileger befindet sich rechts ein einge- bauter Uhrkasten, davor ein Probsteier Armlehnstuhl mit hoher Rückenlehne und eine querschwin- gende Wiege mit Intarsien.
(Stiftung Schleswig- Holsteinische Landes- museen, Volkskundliche Sammlungen)

a

Damenstift umgewandelten Klosters Preetz lebten.

Die Eigenständigkeit der Probstei erweist sich bereits an den für das Fachhallenhaus in Schleswig-Holstein auffallenden Besonder- heiten des dreischiffigen Wohnteils. In der „älteren Probsteier Bauart" des 16. und 17. Jahrhunderts gab es zwei Wohnfache. Die Stube mit evtl. anschließender Kammer lag in einer der beiden Abseiten, die „Lüttdöns" in der anderen. Dazwischen befand sich die „Ahmdöns" als „Backofenraum" mit vom Herd in der Diele aus beheizten ein oder zwei Backöfen. Konrad Bedal (1977) sieht Paralle- len zu diesem Raum im „Saal" des Fehmarn- schen und im Pesel des Dithmarscher Hallen- hauses. Vermutlich besaß die „Ahmdöns" die gleiche Funktion der „kalten Pracht" und diente der Aufstellung von Kisten und Truhen sowie Festlichkeiten.

Ende des 17. Jahrhunderts erweiterte sich der Wohnteil auf drei bis vier Fach, und aus dem Backofenraum wurde im Laufe des 18. und frühen 19. Jahrhunderts die Küche. Zwi- schen Herd und Diele schob sich zudem die „Dunkelkammer", die wohl dem Gesinde zum Schlafen diente. Damit war die Anzahl der abgeschlossenen Wohnräume größer als in den benachbarten Regionen.

Wie es im Inneren der Stuben des Probsteier Hauses aussah, läßt sich einer Beschreibung des Schönberger Pastors Johann Georg Schmidt entnehmen, die er 1813 in seiner Darstellung „Die Probstei Preetz. Ein Beitrag zur Vaterlandskunde" veröffentlichte:

„Das Wohnzimmer (de Dönns) hat durchgän- gig eine Täfelung von eichenen Brettern (Pa- nehl), gewöhnlich zwei, auch drei Wandbetten (in dem einen, in dem des Hauswirths, war meistens der Geldschrank), auch war an der

b

b) Das Paneel weist mit rundbogigen Alkoventüren die Stilmerkmale der Probstei auf. Eine Besonderheit sind drei kleine Schränke und ein Uhrkasten in der Ofenwand. Davor steht eine Koffertruhe mit den für die Probstei typischen Intarsien.

(Ernst Sauermann, Alt-Schleswig-Holstein und die Freie und Hansestadt Lübeck, 1911)

Wand des Wohnzimmers ein Behältniß für die Schlaguhr (de Klock) angebracht. An den Stubenthüren sowohl als an denen der Bettschränke waren Füllungen angebracht, und einige Verzierungen, die überall gleich waren. Selten waren sie mit Schnörkeleien überladen. In den Häusern, wo die einfachere Lebensart zu Hause war, waren die Thüren vor den Betten nur Schiebethüren, in einigen aber mit Schlössern versehen, die dann reichen Messingbeschlag hatten, wo denn auch die Oefen, welche, selbst die eisernen, immer Kachelaben hießen, starke Messingknöpfe hatten ... Meistens ist auch in den Häusern noch een lütje Döns, übrigens ganz wie das Wohnzimmer eingerichtet ... An der andern Seite im Hause ist gewöhnlich die Kistenkammer (besten Dönns), welche auch zwei bis drei Bettschränke enthält, und wo in einer großen Reihe eichener, theils einfacher, theils ganz beschlagener, oft auch sehr bunt ausgelegter Kisten ein sehr bedeutender Reichthum an Flachs, Leinen und Kleidungsstücken aufbewahrt wird. An der täglichen Stube und an der besten Dönns sind auf der Diele mehrere Volksbetten (Betten für das Gesinde, K. D. S.) angebracht"[26].

In den zwanzig Jahren zwischen 1793 und 1813 beobachtete Schmidt, welche Wandlungen sich inzwischen im Wohnteil vollzogen hatten:

„Es wurde eine besondere Küche mit Keller angelegt, ein Schornstein zum Dache hinausgezogen, die tägliche Stube höher vom Boden gemacht und die kleine vergrößert. Auch wurde die Wand um den Ofen, ja zuweilen die Wand in der kleinen Stube ganz mit holländischen Klinkern belegt. Statt des Eichenholzes wurde zu Lambris (untere Wandverkleidung, K. D. S.) Föhren- und Eschenholz genommen, und diese zum Theil ganz ausgemalt. Indessen

164

ist auch in den neuerbauten Häusern die Einrichtung immer dieselbe"[27].

Was Schmidt hier in großen Zügen beschrieb, bedarf doch einiger Erläuterungen, um die Besonderheiten der Probsteier Wohnkultur gebührend herauszustellen.

Sie bestand zunächst darin, daß man im wesentlichen neben manchen Abweichungen zwei Gruppen von Paneelen unterscheiden kann: Zur ersten zählen jene Wandverkleidungen, die bis kurz über die Mitte des 18. Jahrhunderts hinaus Intarsienschmuck an

den Flügeltüren von Wandbetten und -schränken aufwiesen. Dieser bestand in Sternen, Rosetten und stilisierten Blumen in Vasen, in Schwänen, Vögeln, weiblichen Glaubensgestalten, Offizieren oder Jahreszahlen. Solche eigenwilligen Verzierungen waren später nur noch auf kleinen Wandschränken zu sehen und verloren sich um 1790 ganz. Daneben gab es aber auch Paneele mit architektonischen Gliederungen, die die Flächigkeit durch keine kleinförmigen Felder unterbrachen. Darin unterschieden sie sich von allen anderen

c) Auffällig sind die manganbraunen Kellinghusener Fliesen mit Diagonalborte zwischen den Fenstern. Der Ohrenlehnsessel stammt von 1797.
(Altonaer Museum in Hamburg)

Paneelen bäuerlicher Stuben im Land und erhielten dadurch ihre eigene Note. Einzig Pilaster lagen dem ungestrichenen Eichenholz auf.

In der zweiten Gruppe von Paneelen waren die Flügeltüren nach oben gerundet, reichten bei den Wandschränken bis auf den Fußboden und setzten bei den Wandbetten höher an. Sie waren nach oben und unten profiliert, mit feinem Rankenwerk geschmückt und blau gestrichen. Alfred Kamphausen (1979) spricht von einer Eleganz, die ihrer Entstehung nach auf das späte 18. Jahrhundert hinweisen könnte. Unklar bleibt, ob die Werkstätten dieser Tischlerarbeiten im nahen Kiel zu suchen sind.

Eine weitere Besonderheit der bäuerlichen Wohnausstattung in der Probstei stellten die Truhen dar. Bereits in der Wilstermarsch begegneten uns Kastenruhen mit eingelegten doppelköpfigen Adlern. In der Probstei aber waren es Koffertruhen ohne Beschlag in Eiche, Eschenholz oder Ahorn aus der Zeit vor 1800, die mit Intarsien versehen wurden. Motive waren Soldaten, die das Möbelschloß bewachten und als Türwächter auftraten wie sonst an Eingangstüren von Rathäusern und Herrensitzen, wo sie als Symbole von Sicherheit und Ordnung galten. Weitere Intarsienfiguren waren Reiter, geflügelte Wesen und Vögel, springende Hirsche oder Blattornamente. Ob auch hier Einflüsse Kieler Tischler zur Geltung gekommen sind, sei dahingestellt.

Von eigenwilliger Form waren auch die Armlehnstühle in der Probstei. Aus Buche angefertigt, wirkten der geschweift ausgeschnittene Mittelsteg der Rückenlehne in gebogenem Rahmen und die ausschwingenden, vorderen Stützen geradezu elegant und eher bürgerlich als bäuerlich. Hier tut sich gleichfalls die Frage auf, ob Vorbilder in der benachbarten Stadt Kiel zu suchen sind.

Als weiche Unterlagen dienten für die Stuhlsitze, auch wenn sie geflochten waren, mit Stickereien versehene Kissen, wie wir sie ähnlich aus der Wilstermarsch und Nordfriesland kennen. Die auf den Kissen dargestellten Motive waren zahlreich. Es konnten ein springender Schimmel mit einer mächtigen Krone über dem Kopf sein oder auch zwei solcher einander zugewandter Tiere oder Blütengebilde in leuchtenden Farben.

Daß sich in der Probstei eine eigenständige Produktion von Keramik entwickelte, gab dieser Landschaft eine weitere besondere Note. Offenbar reichte die Herstellung des Geschirrs bis in die erste Hälfte des 18. Jahrhunderts zurück. Keramikwerkstätten gab es in Schönberg. Doch waren an der Versorgung der Probstei mit Irdenware auch die kleinen Städte Lütjenburg und Preetz beteiligt. Es waren zunächst die auf kremefarbenem Grund braun oder grün bemalten Schüsseln mit schwungvollen figürlichen Motiven, z. B. einem reitenden oder rauchenden Herrn, einer eimertragenden Magd oder einer tief dekolletierten Dame. Gegen Ende des 18. Jahrhunderts tauchten vermehrt bemalte und mit Aufsätzen versehene Möschenpötte (d. h. Müschen- oder Breitöpfe) auf, die drei kurze Beine und einen „Steert" als Griff besaßen. Sie wurden als Brautgabe verwandt. Ursprünglich sollten in ihnen die Nachbarinnen der Wöchnerin eine leicht verträgliche Breispeise überbringen. Aber sie waren ebenso wie die Erntetöpfe, große und bauchige Krucken, in denen Arbeiterinnen und Arbeiter ihre Suppe auf dem Feld erhielten, durch Ausschmückungen mit springenden Rehen, Pferden oder Hähnen längst zu Zierobjekten geworden.

So unterschied sich denn die Probstei hinsichtlich der Ausstattung bäuerlicher Wohnräume nicht nur auffällig von den umliegenden Regionen, sondern nahm auch unter den schleswig-holsteinischen Landschaften einen besonderen Platz ein.

Quellen- und Forschungsüberblick

Quellen

Es gibt eine Reihe von Quellen, die Rekonstruktionen einstiger bäuerlicher Wohnweisen gestatten. Frühe Zeugnisse sind überlieferte Gebäude, wie wir sie heute noch an Ort und Stelle oder in Freilichtmuseen finden. Mit Hilfe der Dendrochronologie läßt sich das Alter ihrer Holzbestandteile bestimmen. Daraus und aufgrund der Gefügeforschung kann man Rückschlüsse auf Alter, Lage und Umfang des Wohnteils im Haus ziehen. Archivalische Zeugnisse können darüber hinaus Auskunft über das Mobiliar oder die Bewohner von Häusern geben. Wie die Menschen in den Stuben gewohnt haben, kann man zeitgenössischen Schilderungen entnehmen. Insgesamt läßt sich so anhand verschiedener Quellen ein Bild von der räumlichen Anordnung und sozialen Funktion der bäuerlichen Wohnräume in Schleswig-Holstein für das 18. und 19. Jahrhundert zeichnen.

Archivalien geben trotz ihrer Reichhaltigkeit nur begrenzt Auskunft über bäuerliches Wohnen. Am ehesten ermöglichen Inventare Einblicke. Sie dienten der Feststellung von beweglichen und unbeweglichen Vermögenswerten für Erb- oder Teilungsberechtigte. Auf diese Weise wurde eine Menge Hausrat dokumentiert. Für die Erforschung des bäuerlichen Wohnens sind vor allem die Angaben über das Mobiliar von Bedeutung. Aus ihnen lassen sich Rückschlüsse auf die Eigentümer, deren Bedürfnisse und Mentalität ziehen. Insofern können Inventare eine wichtige Quelle für die Rekonstruktion bäuerlicher Wohnverhältnisse darstellen.

Interessante Einblicke in den Wandel der überlieferten Wohnkultur vermitteln auch Regierungsakten wie z. B. die Umfrage der Schleswiger Regierung 1894 an die Landräte wegen der Tischgemeinschaft bäuerlicher Familien mit dem Gesinde.

Zu den frühen literarischen Quellen gehört die „Chronik des Landes Dithmarschen" des Büsumer Geistlichen Johann Adolf Köster, gen. Neocorus aus dem Ende des 16. Jahrhunderts, in der die Hörn im Norderdithmarscher Haus als stubenähnlicher, nach der Diele offener Wohn- und Schlafraum beschrieben wird.

Stärkere Beachtung fand das Wohnen erstmals während der Spätaufklärung. In der Zeit vom letzten Drittel des 18. Jahrhunderts bis in die 1830er Jahre erschien eine Reihe von Topographien. Dazu gehörte Johann Friedrich Hansens „Staatsbeschreibung des Herzogthums Schleswig" (1770), Friedrich Wilhelm Ottes „Oekonomisch-statistische Beschreibung der Insel Fehmarn" (1796) und Georg Hanssens „Das Amt Bordesholm im Herzogthume Holstein (1832). Die Schleswig-Holsteinischen Provinzialberichte brachten gleichfalls topographische Skizzen. Zu ihren Verfassern gehörten der Helgoländer Landvogt Zacharias Hasselmann mit seinem „Versuch einer Beschreibung der Insel Helgoland" (1790), der Föhringer Pastor Boysen mit seinem „Beitrag zur Beschreibung der Insel Föhr" (1793) und Johann Georg Schmidts Beobachtungen „Ueber die Klösterlich-Preetzische Probstei" (1813). Allen diesen Autoren ging es darum, die wirtschaftlichen und sozialen Zustände im Lande aufzuzeigen, um den Volkswohlstand mit Hilfe einer merkantilistischen Wirtschaftspolitik zu verbessern. Kostensparende Bauweise, geringer Aufwand an Möbeln und Gerät, Sauberkeit und Ordnung im Hauswesen entsprachen ihren

167

vernunftgeleiteten Grundüberzeugungen, an denen sie auch die Wohnverhältnisse maßen. Doch ließen sie sich auch von bäuerlicher Wohlhabenheit beeindrucken, wenn diese z. B. durch poliertes Silber- und Zinngeschirr in den Stuben zur Schau gestellt wurde.

Eine weitere Kategorie von zeitgenössischen Quellen zur Geschichte bäuerlicher Stuben bilden Reisebeschreibungen. Ähnlich wie die Topographien und Landesbeschreibungen bemühten sie sich um exakte Beobachtungen, pflegten aber mehr einen unterhaltenden Stil, um ein größeres Publikum zu erreichen. Als Beispiele seien hier genannt Johann Georg Kohls „Die Marschen und die Inseln der Herzogthümer Schleswig und Holstein" (1846) und Theodor Mügges „Streifzüge in Schleswig und Holstein und im Norden der Elbe" (1846).

Bemerkenswertere Aufschlüsse über bäuerliches Wohnen liefern jedoch autobiographische Zeugnisse, weil in ihnen Zeitzeugen zu Worte kommen, die in den Stuben tatsächlich gelebt haben und mit ihren Einrichtungsgegenständen oft mental eng verbunden waren. Prominenter Autor einer solchen Schilderung ist der aus dem nordfriesischen Dorf Langenhorn stammende Professor der Pädagogik Friedrich Paulsen, der 1909 in seinen Lebenserinnerungen das Zusammenleben der Familie an Winterabenden in der Döns um den großen Klapptisch herum, wie es um die Mitte des 19. Jahrhunderts in Nordfriesland üblich war, anschaulich beschrieben hat. Weitere derartige Selbstzeugnisse finden sich inzwischen in zahlreichen heimatkundlichen Zeitschriften.

Eine Quellengattung eigener Art tauchte mit künstlerischen Darstellungen vom Landleben in der norddeutschen Malerei in der zweiten Hälfte des 19. Jahrhunderts auf. Namentlich Carl Ludwig Jessen schuf eine Fülle von Interieurbildern, die mit großer Präzision jedes Detail in der Ausstattung nordfriesischer Dönsen und Pesel festhielt: Paneele, Türen, Wandschränkchen, Beilegeröfen, Stühle, Tische, Truhen usw.

Am anschaulichsten und greifbarsten begegnen wir bäuerlichen Stuben in Schleswig-Holstein in den Museen des Landes. Es war die Kunstgewerbebewegung, die während der zweiten Hälfte des 19. Jahrhunderts im Gegenzug zur modernen industriellen Fertigung materialgerechte und funktionsbezogene handwerkliche Arbeit wieder in den Vordergrund rückte und an historische Möbel und Geräte anknüpfte. Diesen Zweck verfolgte auch Ernst Sauermann, als er 1889 in Flensburg eine „Fachschule für Kunsttischler" gründete, aus der zahlreiche Zimmereinrichtungen im Stil geschnitzter nordfriesischer Festräume hervorgingen, und 1903 ein Kunstgewerbemuseum für den Landesteil Schleswig eröffnete. Schon 1901 hatte er nach dem Muster der von ihm auf den Weltausstellungen in Chicago 1893 und Paris 1900 gezeigten bäuerlichen Interieurs mehrere Stubenräume in sein Museum eingebaut, dabei jedoch die ursprüngliche Anordnung der Räume und ihre Maße nicht immer eingehalten. Ebenso verfuhr man in dem 1875 in Kiel gegründeten Thaulow-Museum (heute Stiftung Schleswig-Holsteinisches Landesmuseum auf Schloß Gottorf in Schleswig), dessen 1908 fertiggestellter Neubau bäuerliche Stuben aus Holstein aufnahm. 1901 öffnete das dritte große Museum im Lande in Altona seine Pforten und zeigte bäuerliche Wohnräume aus beiden Herzogtümern. Allen drei Museen ging es nicht um die einwandfreie Präsentation bäuerlicher Wohnkultur, sondern um „Denkmäler" vergangenen „Volkstums".

Das Schleswig-Holsteinische Freilichtmuseum in Molfsee, das seit 1965 besteht, besitzt zahlreiche Gebäude mit Stuben aus allen Regionen des Landes. Die Ausstattungen entsprechen zwar vielfach nicht mehr dem einstigen Zustand, vermitteln jedoch einen idealtypischen Gesamteindruck von den vorherrschenden Tendenzen bäuerlicher Wohnkultur.

Forschungen

Das wissenschaftliche Interesse am Erscheinungsbild bäuerlicher Stuben aus Schleswig-Holstein kam erst spät auf. Zunächst stand die Verortung des Wohnbereichs im Hausgefüge im Vordergrund der Betrachtung. Es ging im Rahmen der Hausforschung um Bau- und Raumstruktur. Veröffentlichungen bildlicher Darstellungen von bäuerlichen Wohnräumen in Schleswig-Holstein setzten dann vor dem Ersten Weltkrieg ein. Das Wohnen als zwischenmenschlicher Prozeß geriet jedoch erst Ende der 1950er Jahre in das Blickfeld kultur- und sozialwissenschaftlicher Fragestellungen.

Am Anfang der schleswig-holsteinischen Hausforschung steht die 1847 von J. J. H. Lütgens, dem Direktor der Höheren Volksschule in Rendsburg, verfaßte „Kurzgefaßte Charakteristik der Bauernwirthschaften in den Herzogthümern Schleswig und Holstein nebst Grund- und Aufrissen einzelner Gehöfte verschiedener Landestheile". Sie enthält in ihrem Hauptteil präzise Angaben zur Hausgeographie. Für die Erforschung von Stuben ist die Arbeit deshalb von großem Wert, weil sie eine Menge Grundrisse enthält, aus denen die Lage der Wohnteile sowohl in älteren als auch in neueren Gebäuden um die Mitte des 19. Jahrhunderts hervorgeht.

Angaben über Stubenausstattungen lieferte erstmals der dänische Professor Richard Meiborg in seinem 1896 in Deutschland erschienenen Werk „Das Bauernhaus im Herzogtum Schleswig und das Leben des schleswigschen Bauernstandes im 16. und 17. Jahrhundert" mit Beschreibungen von Döns und Pesel in Häusern auf Fehmarn, in Nordfriesland, auf der mittelschleswigschen Geest, in Angeln, im Sundewitt, auf Alsen und im übrigen Nordschleswig.

Der Altonaer Museumsdirektor Otto Lehmann begnügte sich wiederum in seiner Monographie über „Das Bauernhaus in Schleswig-Holstein" (1927) mit einer Haustypologie und zeigte nur wenige Abbildungen von bäuerlichen Wohnstuben.

Dagegen lieferte der Architekt Gustav Wolf in seinem 1940 erschienenen Werk „Haus und Hof deutscher Bauern – Schleswig-Holstein" nicht nur zahlreiche Grundrißzeichnungen, aus denen die Lage von Stuben hervorgeht, sondern legte auch Wert auf die Schilderung ihrer Ausstattungen.

Konrad Bedal untersuchte 1977 die „Ländlichen Ständerbauten des 15. bis 17. Jahrhunderts in Holstein und im südlichen Schleswig" und kam zu dem Ergebnis, daß der Wohn- und Hauswirtschaftsbereich überraschend früh im Hallenhaus eine große Bedeutung erlangte und in seitlichen Erweiterungen z. B. als „Sommerhaus" oder als eigenständiges Kammerfach bis hin zum selbständigen Querhaus zu erkennen ist. Ferner gelangte Bedal zu der Erkenntnis, daß Stube (Döns) und „Große" Kammer (Pesel) im gesamten Verbreitungsgebiet des Hallenhauses seit langem als abgeschlossene Wohnräume nebeneinander bestanden.

Die beiden Arbeiten von Anita Hagemeier-Kottwitz über „Angeliter Dreiseithofanlagen" (1982) und „Angeliter Fachwerkarchitektur vom 17. bis 19. Jahrhundert" (1985) gehen über die Gefügeforschung hinaus und enthalten auch Hinweise auf alltägliches Wohnen.

Mit dem Thema „Dorferneuerung um 1900" gaben Nils Hansen und Doris Tillmann der Hausforschung im Lande 1990 eine neue Richtung. Sie konnten zeigen, wie traditionelles Wohnen durch Umbauen, Anbauen, Neubauen, modernen Wohnkomfort und neue Haushaltstechniken, vor allem mit dem Einbau von Öfen und Herden, unter dem Einfluß der Industrialisierung aus den Bauernhäusern verschwand. Nils Hansen faßte diese Entwicklung in seinem Artikel über die „Gründerhäuser im ländlichen Schleswig-Holstein" (1999) zusammen.

Seit 1963 erscheinen jährlich die „Berichte aus dem Schleswig-Holsteinischen Freilichtmuseum" mit einer Fülle von Beiträgen, die sich aber nur wenig mit Stubenausstattungen in den einzelnen Hausobjekten des Museums beschäftigen.

Veröffentlichungen mit Bildbeispielen bäuerlicher Stuben aus Schleswig-Holstein sind relativ zahlreich. Zunächst waren es die Museumsdirektoren im Lande, die in dieser Weise auf den Bestand ihrer Sammlungen hinwiesen. Genannt seien hier nur die großformatigen Abbildungen bei Ernst Sauermann in seinem Band „Alt-Schleswig-Holstein und die

Freie und Hansestadt Lübeck. Heimische Bau- und Raumkunst aus fünf Jahrhunderten" (1911) sowie auf Gustav Brandts „Wohnräume und Dielen aus Alt-Schleswig-Holstein und Lübeck" (1918) und „Wohnräume und Möbel aus Alt-Schleswig-Holstein und Lübeck" (1922).

Einzelbeispiele bäuerlicher Wohnraumgestaltung finden sich auch in den „Kunstdenkmälern" der Kreise Eiderstedt (1939), Südtondern (1939), Husum (1939), Eckernförde (1950) und Pinneberg (1961) sowie in Kreisheimatbüchern.

Nach dem Zweiten Weltkrieg erschienen einige Bildbände mit Erläuterungen zum Thema bäuerlicher Stuben, so „Die deutsche Bauernstube" von Erich Meyer-Heisig mit Beispielen aus Schleswig-Holstein, „Schleswig-Holsteinische Bauernstuben" (1966) von Kai Detlev Sievers, der „Führer durch die Bauernstuben des Altonaer Museums" (1966) von Hildamaria Schwindrazheim und „Bauernstuben von allen Kanten und Küsten Schleswig-Holsteins" (1979) von Alfred Kamphausen.

Mit seiner Monographie „Haus und Pesel des Markus Svin" legte Arnold Lühning 1997 erstmals eine dezidierte Untersuchung über einen Prachtraum vor, der lange Zeit als das herausragende Beispiel bäuerlichen Selbstbewußtseins in Dithmarschen galt. Es gelang ihm eindeutig, diesen Raum als Gerichtssaal und Gastzimmer für das Herzogspaar in der herzoglichen Landvogtei zu Lehe, Kirchspiel Lunden, zu identifizieren.

Mit der Frage, wie Menschen in der Vergangenheit in bäuerlichen Stuben lebten, beschäftigte sich erstmals Ernst Schlee 1958 und dann in den 1970er Jahren. Dabei ging er der Organisation des Lebens im Inneren des „Ganzen Hauses", seiner ideellen Gliederung, räumlichen Systematisierung, mangelnden Intimität und der Wandelbarkeit des Wohnraums nach. In diesem Zusammenhang interessierte er sich vor allem für die Sitzordnung beim bäuerlichen Mahl.

Neuerdings hat sich Wolf Könenkamp (2000) zu den Wohnstätten in Dithmarschen am Ausgang des Mittelalters geäußert und vor allem die Gegenstände des Hausrats benannt.

In einem Gesamtüberblick über „Ländliches Wohnen vor der Industrialisierung" (1980) behandelte Volker Gläntzer auch die Situation in Schleswig-Holstein und arbeitete vor allem Strukturlösungen des Wohnens unter den Bedingungen des Raum- und Funktionsgefüges der verschiedenen Hausformen im Lande heraus.

Den Realitätsgehalt literarischer Zeugnisse des 18. und 19. Jahrhunderts (vor allem Topographien und Reisebeschreibungen) für das Wohnen untersuchte Frank Schlichting 1985 und kam zu dem Ergebnis, daß dieses Material unter Berücksichtigung der gebotenen Quellenkritik sehr aussagekräftig ist.

Mit einer Quelle ganz anderer Art beschäftigte sich Ernst Schlee, als er „Haus und Wohnung Nordfrieslands im Werk von Carl Ludwig Jessen" (1983) einer gründlichen Betrachtung unterzog. Er sah in den vielen „Stubenbildern" des Malers verläßliche Dokumente zur tradierten häuslichen Kultur, aber auch zu Funktionen und Wertigkeiten des Inventars, zum Umgang mit ihm und den daraus ableitbaren Ordnungsvorstellungen des Wohnens. Schlee verkannte dabei nicht, daß Jessens Werk das Selbstverständnis der nordfriesischen Bevölkerung stärken wollte und damit einer Stammesideologie Vorschub leistete. Dieser Aspekt wurde durch Uwe Claassens Studie „Fischernetz, Tracht und Bauernstube. Imaginiertes Landleben in norddeutscher Malereien des 19. Jahrhunderts" (1996) verstärkt hervorgehoben: Jessen sei es weniger darum gegangen, die tatsächlichen Wohnformen wiederzugeben, als vielmehr durch die ideelle Aufladung von Gegenständen ein Idealbild von den Nordfriesen zu zeichnen, das zur Ethnisierung ihrer Kultur beigetragen habe.

Die ideologische Übereinstimmung musealer Präsentation von bäuerlichen Stuben und ihrer künstlerischen Darstellungen mit dem Interesse an der „Volkskunst", wie sie sich vor dem Ersten Weltkrieg zeigte, stellte Claassen in seinem Beitrag „Bauernstuben und Bilder von Bauernstuben" (1998) heraus.

170

In diese Richtung hatte bereits Gudrun Sievers mit ihrer Untersuchung über „Bauernstuben im Museum und historische Wirklichkeit" gezielt, als sie 1980 am Beispiel des ländlichen Wohnens im Dithmarschen des 19. Jahrhunderts zeigte, daß bäuerliche Stuben aus Dithmarschen in den großen kulturhistorischen Museen Norddeutschlands, Flensburg, Hamburg-Altona und Schleswig, noch immer unter dem Gesichtspunkt der Stilreinheit und Stammeseigenart als Denkmäler des „Volkstums" präsentiert werden, obgleich wissenschaftliche Erkenntnisse über reale Wohnverhältnisse längst vorliegen und solche Stuben heute den zwischenmenschlichen Prozeß des Wohnens dokumentieren könnten.

Es gibt eine Fülle von Literatur über bäuerliche Möbel und Wohnutensilien. Hier kann nur auf einige wenige wichtige Veröffentlichungen hingewiesen werden. Dem Fachmann wie dem interessierten Laien empfiehlt sich als Nachschlagewerk vor allem Bernward Denekes „Bauernmöbel. Ein Handbuch für Sammler und Liebhaber" (1969). Das Buch enthält nicht nur eine Wissenschaftsgeschichte der Bauernmöbelforschung, Überlegungen zum Einfluß des Bauernhauses auf Beschaffenheit und Einordnung des Mobiliars, zur Relation von unbeweglicher zu beweglicher Einrichtung, zu den Möbelproduzenten, sondern vor allem eine ausführliche Beschreibung von Sitzmöbeln, Tischen, Schlafstätten, Schränken, Truhen, Kommoden usw. mit entsprechenden Abbildungen. Hier finden sich auch zahlreiche Hinweise auf Möbelformen aus Schleswig-Holstein. Ausführlicher noch informiert darüber Ellen Redleffsen in ihrem Katalog der Möbelsammlung des Städtischen Flensburger Museums von 1976.

In neuester Zeit erschien der Sammelband „Volkskunst in Schleswig-Holstein. Alte und neue Formen" (1998) mit wichtigen Beiträgen über „Möbel in der Volkskunst Schleswig-Holsteins" (Jörn Barfod), „Kerbschnitt – alt und neu" (Arnold Lühning), „ ‚Volkskunst' in der Keramik" (Gerhard Kaufmann), „ ‚Volkskunst' und Textilien" (Christina Neumann) und „Gestickte Wandsprüche" (Doris Tillmann). Gerhard Kaufmann hat auch einen gewichtigen Band über „Bemalte Wandfliesen" (1973) vorgelegt.

Eine dreibändige Monographie über „Die Innenraumgestaltung der ländlichen Profanarchitektur Schleswig-Holsteins vornehmlich des 18. Jahrhunderts" stellte Gerd Röper 1984 zusammen, ein systematischer Katalog aller im Lande vorhandenen Paneele, die meist aus der zweiten Hälfte des 18. Jahrhunderts stammen und von Handwerkern in je nach Landschaft unterschiedlichen Werkstätten hergestellt wurden.

Ganz auf Archivalien fußt die Untersuchung von Hildegard Mannheims über „Stapelholmer Möbel zwischen 1759 und 1866" (1997). Auf der Grundlage von Inventaren beobachtete die Autorin, wie umfangreich das Sortiment von Möbeln in einem ländlichen Haushalt dieser Landschaft war, welche Möbel bevorzugt, in welchen Räumen aufgestellt, wie farblich gestaltet und im Laufe der Zeit reduziert wurden. Auf diese Weise gelang ein, wenn auch eingeschränkter Blick auf das „Eingebundensein des einzelnen Möbelstücks in Wohn- und Lebenswelt, soziales Umfeld und Wirtschaftstätigkeit der Eigentümer."

Anmerkungen

Kap. Bäuerliche Wohnkultur als Spiegelbild vergangener Lebenswelten

1 Ernst Erichsen, Gestalten und Geschehen in Nordangeln 1870/90. In: Jahrbuch des Angler Heimatvereins 21 (1957), S. 154.

Kap. Typische bäuerliche Wohnräume

1 Joachim Hähnel, Stube. Wort- und sachgeschichtliche Beiträge zur historischen Hausforschung. Münster 1975, S. 257.
2 Johann Adolfis, genannt Neocorus, Chronik des Landes Dithmarschen, hg. von Friedrich Christoph Dahlmann. Bd. 1, Kiel 1827, S. 65.
3 Wie Anm. 1, S. 13.
4 Wie Anm. 1, S. 13.
5 J. J. Callesen, Das alte Angler Bauernhaus. In: Die Heimat 1903, S. 56 f.
6 Johann Michael Moscherosch, Wunderliche und wahrhaftige Gesichte Philanders von Sittewald 2. Teil 1644, S. 678.
7 Julius Schröder, Aus meinen Kindertagen. In: Jahrbuch der Heimatgemeinschaft Eckernförde 13 (1955), S. 106.

Kap. Bäuerliche Stubenlandschaften

1 Theodor Mügge, Streifzüge in Schleswig-Holstein und im Norden der Elbe, Bd. 1. Frankfurt a. M. 1846, S. 319 f.
2 Nach Gustav Wolf, Haus und Hof deutscher Bauern. Schleswig-Holstein. Neudruck Hildesheim 1979, S. 137.
3 Peters, Beschreibung der Insel Föhr. In: Schleswig-Holsteinisch-Lauenburgische Provinzialberichte 1825, S. 39.
4 Johann Georg Kohl, Die Marschen und Inseln der Herzogthümer Schleswig und Holstein Bd. 1. Dresden und Leipzig 1846, S. 113 f.
5 Wie Anmerkung 1, S. 265.
6 Friedrich Paulsen, Aus meinem Leben. Jugenderinnerungen. Jena 1910, S. 34.
7 Richard Meiborg, Das Bauernhaus im Herzogthum Schleswig und das Leben des schleswigschen Bauernstandes im 16., 17. und 18. Jahrhundert. Neudruck Kiel 1977, S. 32 f.
8 Anonym (Friedrich Wilhelm Otte), Bemerkungen über Angeln aus der Brieftasche zweener Freunde, bei einer Fußreise im Sommer 1791. In: Staatsbürgerliches Magazin 1823, S. 28 f.
9 Alexander v. Lengerke, Die Schleswig-Holsteinische Landwirtschaft, Bd. 1. Berlin 1826, S. 36.
10 Ebda.
11 J. J. Callesen, Das alte Angler Bauernhaus. In: Die Heimat 1903, S. 56 ff.
12 Ferdinand Lassen, Gestalten und Geschehen in einem Nordangler Bauerndorf 1870/90. In: Jahrbuch des Angler Heimatvereins 21 1957, S. 155.
13 Matthias Gondesen, So war es früher. In: Jahrbuch des Angler Heimatvereins 1967, S. 84.
14 H. N. A. Jensen, Angeln zunächst für die Angler historisch beschrieben. Flensburg 1844, S. 435.
15 Christian Kock, Volks- und Landeskunde der Landschaft Schwansen. Heidelberg 1912, S. 218 f.
16 Wie Anmerkung 7, S. 19 f.

17 Justus Brinckmann, Museum für Kunst und Gewerbe in Hamburg. Bericht für das Jahr 1903. In: Jahrbuch der Hamburgischen Wissenschaftlichen Anstalten XXI. Hamburg 1904, S. 11–12.

18 Wilhelm Peßler, Hausgeographie der Wilster Marsch. Eine ethnographische Untersuchung im Auftrage des Altonaer Museums durchgeführt. Stuttgart 1913 (= Forschungen zur deutschen Landes- und Volkskunde Bd. 20, H. 6), S. 407.

19 Wie Anmerkung 4, 3. Bd. S. 348.

20 Hubert Stierling, Die Wilstermarschstuben. In: Heimatbuch des Kreises Steinburg, II. Bd. Glückstadt 1925, S. 224.

21 Robert Rave, Das Leben auf einem Bauernhof in der Kollmar-Marsch um die Jahrhundertwende. Moorhusen 1966, S. 75, 77, 79.

22 Johann Adolfis, genannt Neocorus, Chronik des Landes Dithmarschen, hg. von Friedrich Christoph Dahlmann. Kiel 1827, S. 125.

23 Nis R. Nissen, Johann Christian Kinders Jugenderinnerungen aus Lunden. In: Dithmarschen 1972, S. 82 f.

24 Georg Hanssen, Das Amt Bordesholm im Herzogthume Holstein. Eine statistische Monographie auf historischer Grundlage. Kiel 1842, S. 60.

25 Gerhard Röper, Die Innenraumgestaltung der ländlichen Profanarchitektur Schleswig-Holsteins vornehmlich des 18. Jahrhunderts. Lüdinghausen 1984, S. 1328.

26 Johann Georg Schmidt, Die Probstei Preetz. Ein Beitrag zur Vaterlandskunde. Kiel 1813, S. 141 und 142.

Literaturverzeichnis

Barfod, Jörn (1998)
  Möbel in der Volkskunst Schleswig-Holsteins. In: Heinrich Mehl (Hg.), Volkskunst in Schleswig-Holstein. Alte und neue Formen. Heide, S. 49–62.
Bauche, Ulrich (1965)
  Landtischler, Tischlerwerk und Intarsienkunst in den Vierlanden unter der beiderstädtischen Regierung Lübecks und Hamburgs bis 1867. Hamburg.
Baur-Heinhold, Margarethe (1961)
  Deutsche Bauernstuben. Königsstein i. T.
Bedal, Konrad (1977)
  Ländliche Ständerbauten des 15. bis 17. Jahrhunderts in Holstein und im südlichen Schleswig (= Studien zur Volkskunde und Kulturgeschichte Schleswig-Holsteins Bd. 1). Neumünster.
Bedal, Konrad (1993)
  Historische Hausforschung. Eine Einführung in Arbeitsweise, Begriffe und Literatur. 2. Aufl., Bad Windsheim.
Berichte aus dem Schleswig-Holsteinischen Freilichtmuseum 1 (1963) ff.
Bies, Christian (1973)
  Erinnerungen an die Zeit der Petroleumlampe. In: Dithmarschen. Zeitschrift für Landeskunde und Heimatpflege. Neue Folgen. 1/73, S. 6–7.
Brandt, Gustav (1911)
  Führer durch die Sammlungen des Thaulow-Museums in Kiel, des Kunstgewerbe-Museums der Provinz Schleswig-Holstein. Kiel.
Brandt, Gustav (1918)
  Wohnräume und Dielen aus Alt-Schleswig-Holstein und Lübeck. Berlin.
Brandt, Gustav (1939)
  Bauernkunst in Schleswig-Holstein. Hausrat und Wohnraum in alter Zeit. Berlin und Leipzig.
Brandt, Otto/Karl Wölfle (1928)
  Schleswig-Holsteins Geschichte und Leben in Karten und Bildern. Ein Nordmark-Atlas. Kiel.
Brinckmann, Justus (1904)
  Museum für Kunst und Gewerbe Hamburg. Berichte für das Jahr 1903. In: Jahrbuch der Hamburgischen Wissenschaftlichen Anstalten XXI. Hamburg, S. 2–63.
Butt, Britta (2000)
  Der Traum vom schönen Leben ... Die Wiederentdeckung von Landschaftsmalereien aus dem Rokoko in einem Bauernhaus der Wilstermarsch. In: Denkmal! Zeitschrift für Denkmalpflege in Schleswig-Holstein 7/2000, S. 65–68.
Callesen, J. J. (1903)
  Das alte Angler Bauernhaus. In: Die Heimat, S. 56 ff.
Claassen, Uwe (1996)
  Fischernetz, Tracht und Bauernstube. Imaginiertes Landleben in norddeutscher Malerei des 19. Jahrhunderts (= Studien zur Volkskunde und Kulturgeschichte Schleswig-Holsteins, Bd. 33). Neumünster.
Claassen, Uwe (1998)
  Bauernstuben und Bilder von Bauernstuben. In: Heinrich Mehl (Hg.), Volkskunst in Schleswig-Holstein. Alte und neue Formen. Heide, S. 133–150.
Dammann, Walter H. (1924)
  Nordelbinger Volkskunst (= Kunstformen-Bibliothek, Bd. 3). Godesberg.
Deneke, Bernward (1969)
  Bauernmöbel. Ein Handbuch für Sammler und Liebhaber. München.

Erichsen, Ernst (1957)
Gestalten und Geschehen in Nordangeln 1870/90. In: Jahrbuch des Angler Heimatvereins 21, S. 133–158.

Fischer, Ludwig (1987)
Haubarge. Eine Bauernhausform hat abgewirtschaftet? 3. Aufl., Bredstedt.

Freytag, Gustav (1864)
Die verlorne Handschrift, Leipzig.

Fuglsang, Fritz (1953)
Pesel aus dem Dorf Gjenner. In: Aus dem Flensburger Museum. Zur 50. Wiederkehr des Eröffnungstages, hg. von der Museumsleitung. Flensburg.

Geerkens, August (1924)
Die Stuben im Eiderstädter Heimatmuseum. Garding.

Gläntzer, Volker (1980)
Ländliches Wohnen vor der Industrialisierung (= Beiträge zur Volkskultur in Nordwestdeutschland, Heft 12). Münster.

Gondesen, Matthias (1967)
So war es früher. In: Jahrbuch des Angler Heimatvereins, 31. Jahrgang, S. 74–99.

Goos, Johannes (1929)
Die Dingener Stube im Dithmarscher Landesmuseum. In: Dithmarschen 5, S. 93–101.

Gripp, Ernst (1969)
Kindheit und Jugend eines Kronsmoorer Bauernsohnes. In: Steinburger Jahrbuch 1969, S. 74–77.

Hagemeier-Kottwitz, Anita (1982)
Angeliter Dreiseithofanlagen. Die Entwicklung der Dreiseithöfe in der Landschaft Angeln vom späten 18. bis zum Anfang des 20. Jahrhunderts (= Studien zur Volkskunde und Kulturgeschichte Schleswig-Holsteins, Bd. 9). Neumünster.

Hagemeier-Kottwitz, Anita (1985)
Angeliter Fachwerkarchitektur vom 17. bis 19. Jahrhundert (= Studien zur Volkskunde und Kulturgeschichte Schleswig-Holsteins, Bd. 13). Neumünster.

Hähnel, Joachim (1975)
Stube. Wort- und sachgeschichtliche Beiträge zur historischen Hausforschung. Münster.

Hansen, Nils/Doris Tillmann (1990a)
Dorferneuerung um 1900. Heide.

Hansen, Nils/Doris Tillmann (1990b)
Schleswig-Holsteinische Dörfer in der Kaiserzeit. Heide.

Hansen, Nils (1999)
In jedem Dorf zu finden: Gründerzeithäuser im ländlichen Schleswig-Holstein. In: Geerd Dahms, Giesela Wiese, Rolf Wiese (Hg.), Stein auf Stein. Ländliches Bauen zwischen 1870 und 1930. Rosengarten-Ehestorf, S. 249–268.

Hanssen, Georg (1842)
Das Amt Bordesholm im Herzogthume Holstein. Eine statistische Monographie auf historischer Grundlage. Kiel.

Heimatbuch des Kreises Rendsburg (1922).

Heimatbuch des Kreises Steinburg (1925).

Hinrichsen, Ute (1998)
Gestickte Wandsprüche. In: Heinrich Mehl (Hg.), Volkskunst in Schleswig-Holstein. Alte und neue Formen. Heide, S. 127–132.

Höhnk, Helene (1928)
Vollmacht Hans Hansen. In: Dithmarschen 4, S. 241–245.

Ilg, Karl (1965)
Die Entwicklung der Stube unter dem Gesichtspunkt bodenständiger Rauchstuben im Südwesten des deutschen Kulturraumes. In: Österreichische Zeitschrift für Volkskunde. Neue Serie XIX, S. 209–224.

Jeggle, Utz (1983)
Vom Umgang mit Sachen. In: Konrad Köstlin und Hermann Bausinger (Hg.), Umgang mit Sachen. Zur Kulturgeschichte des Dinggebrauchs. 23. Deutscher Volkskunde-Kongreß in Regensburg 1981 (= Regensburger Schriften zur Volkskunde, Bd. 1), S. 11–25. Regensburg.

Jensen, H. N. A. (1844)
Angeln zunächst für die Angler historisch beschrieben, Flensburg.

Johnsen, Wilhelm (1929)
Kunst und Künstler in Dithmarschen. In: Dithmarschen 5, S. 83–89.

Johnsen, Wilhelm (1953)
Altenteilerstube aus dem Hause Peter Ja-

cob Lau in Westerbüttel. In: Aus dem Flensburger Museum. Zur 50. Wiederkehr des Eröffnungstages, hg. von der Museumsverwaltung Flensburg. Flensburg.

Kamphausen (1971)
Bauernmalerei in Schleswig-Holstein. Heide.

Kamphausen, Alfred (1979)
Bauernstuben von allen Kanten und Küsten Schleswig-Holsteins. Beispiele aus dem Schleswig-Holsteinischen Freilichtmuseum. Neumünster.

Kaufmann, Gerhard (1973)
Bemalte Wandfliesen. Bunte Welt auf kleinen Platten. Kulturgeschichte, Technik und Dekoration der Fliesen in Mitteleuropa. München.

Kaufmann, Gerhard (1978)
Zur Möbeltischlerei in der Wilstermarsch. In: Volkskunst 1, S. 42–52.

Kaufmann, Gerhard (1998)
„Volkskunst" in der Keramik. In: Heinrich Mehl (Hg.), Volkskunst in Schleswig-Holstein. Alte und neue Formen. Heide, S. 93–114.

Kock, Christian (1912)
Volks- und Landeskunde der Landschaft Schwansen. Heidelberg.

Kock, Christian (1937)
Die ersten Bauernstuben im Gute Saxtorf. In: Die Heimat 47, S. 229–234.

Kohl, Johann Georg (1846)
Die Marschen und die Inseln der Herzogthümer Schleswig und Holstein. 2 Bde., Leipzig.

Könenkamp, Wolf-Dieter (1989)
„Wohnen" als historisches Problem. Zum Quellenwert der Möbel im Dithmarscher Landesmuseum. In: Dithmarschen. Neue Folgen 4/89, S. 92–94.

Könenkamp, Wolf-Dieter (o. J.)
Leben und Wohnen im Dithmarschen des späten Mittelalters. In: Volkshochschule der Stadt Heide (Hg.), Heide um 1500. Leben im Dithmarschen der Regentenzeit. Heide, S. 49–95.

Könenkamp, Wolf (2000)
Alltagsleben in Dithmarschen im 16. Jahrhundert. In: Verein für Dithmarscher Landeskunde (Hg.), Geschichte Dithmarschens. Heide, S. 167–178.

Köster, Gunda (1990)
Menschenleben in Bargstedt, Husum.

Kramer, Karl-Sigismund (1964)
Das Haus als geistiges Kraftfeld im Gefüge der alten Volkskultur. In: Rheinisch-Westfälische Zeitschrift für Volkskunde 11, S. 30–43.

Kramer, Karl-Sigismund (1979)
Volksleben in einem holsteinischen Gutsbezirk (= Studien zur Volkskunde und Kulturgeschichte Schleswig-Holsteins, Bd. 4). Neumünster.

Krumm, Hermann/Fritz Stoltenberg (Hg.) (1914)
Unsere meerumschlungene Nordmark in Wort und Bild. Kiel.

Kühl, Walter (1929)
Dithmarsische Möbel und Innenarchitektur im Kieler Thaulow-Museum. In: Dithmarschen 5, S. 45–50.

Kunstdenkmäler. Die Kunstdenkmäler des Landes Schleswig-Holstein (1939–1961)
1. Bd. Kreis Husum (1939), 2. Bd. Kreis Eiderstedt (1939), 4. Bd. Kreis Südtondern (1939), 5. Bd. Kreis Eckernförde (1939), 6. Bd. Kreis Flensburg (1939), 8. Bd. Landkreis Schleswig (1957), 9. Bd. Kreis Pinneberg (1961).

Lassen, Ferdinand (1957)
Gestalten und Geschehen in einem Nordangler Bauerndorf 1870/90. In: Jahrbuch des Angler Heimatvereins 21, S. 133–158.

Lehmann, Otto (1927)
Das Bauernhaus in Schleswig-Holstein. Altona.

Lengerke, Alexander von (1826)
Die Schleswig-Holsteinische Landwirtschaft. 2 Bde., Berlin.

Lühning, Arnold (1961)
Das Bauernhaus im Landkreis Pinneberg. In: Die Kunstdenkmäler des Kreises Pinneberg (= Die Kunstdenkmäler des Landes Schleswig-Holstein, Bd. 9), S. 35–63. Berlin.

Lühning, Arnold (1975)
Gemessene Zeit. Uhren in der Kultur-

geschichte Schleswig-Holsteins. Schleswig.

Lühning, Arnold (1990)
Der „Altdeutsche Gasthof" Harms in Kellinghusen und die Kellinghusener Zimmer im Landesmuseum. In: Nordelbingen 59, S. 175–207.

Lühning, Arnold (1994)
Das Hochzeitsbett im Sommerhus? In: Silke Göttsch u. a., Volkskundliche Streifzüge. Festschrift für Kai Detlev Sievers zum 60. Geburtstag. Kiel, S. 161–173.

Lühning, Arnold (1997)
Haus und Pesel des Markus Swin. Dithmarscher Landesmuseum in Meldorf. Zweiter Bericht. Zugleich eine Festschrift zur Neueröffnung des alten Museumsgebäudes, Heide.

Lühning, Arnold (1998)
Kerbschnitt alt und neu. In: Heinrich Mehl (Hg.), Volkskunst in Schleswig-Holstein. Alte und neue Formen. Heide, S. 63–92.

Lütgens, J. J. H. (1977)
Kurzgefaßte Charakteristik der Bauernwirthschaften in den Herzogthümern Schleswig und Holstein nebst Grund- und Aufrissen einzelner Gehöfte verschiedener Landestheile. Neudruck, Kiel.

Mannheims, Hildegard (1997a)
Stapelholmer Möbel zwischen 1759 und 1866. In: Die Bauernhäuser der Landschaft Stapelholm. Bd. 1: Archivalische Studien (= Studien zur Volkskunde und Kulturgeschichte Schleswig-Holsteins, Bd. 34). Neumünster, S. 55–322.

Mannheims, Hildegard (1997b)
drei Wochen krank gewesen … nichts verdient. Vom Bett und vom Kranksein in Stapelholm 1759–1831. In: Nina Hennig und Heinrich Mehl (Hg.), Bettgeschichte(n). Zur Kulturgeschichte des Bettes und des Schlafens. Heide, S. 115–130.

Meier-Oberist, Edmund (1956)
Kulturgeschichte des Wohnens im abendländischen Raum. Hamburg.

Meiborg, R. (1977)
Das Bauernhaus im Herzogthum Schleswig und das Leben des schleswigschen Bauernstandes im 16., 17. und 18. Jahrhundert. Deutsche Ausgabe besorgt von Richard Haupt. Neudruck, Kiel.

Mensing, Otto (1927–1935)
Schleswig-Holsteinisches Wörterbuch, 5 Bde. Neumünster.

Meyer-Heisig, Erich (1952)
Die deutsche Bauernstube. Art und Entwicklung der Stube im deutschen Bauernhaus nebst einem Anhang mit Beispielen heutiger Stubengestaltungen. Nürnberg.

Mügge, Theodor (1846)
Streifzüge in Schleswig-Holstein und im Norden der Elbe, 2 Bde. Frankfurt a. M.

Müller, Jutta/Olaf Möller (1999)
Ein Möbel und seine Restaurierung: Das Hörnschaff aus Edemannswisch. In: Dithmarschen, S. 62–66.

Neocorus (1827)
Johann Adolfis, genannt Neocorus, Chronik des Landes Dithmarschen, hg. von Friedrich Christoph Dahlmann, Bd. 1–2. Kiel.

Neumann, Christina (1998)
„Volkskunst" und Textilien. In: Heinrich Mehl (Hg.), Volkskunst in Schleswig-Holstein. Alte und neue Formen. Heide, S. 115–126.

Nissen, Nis R. (1970)
Zur Frage der Wissenschaftlichkeit von Volkskunde und ihrer begrifflichen Voraussetzung. In: Kieler Blätter zur Volkskunde II, S. 5–19.

Nissen, Nis R. (1972)
Johann Christian Kinders Jugenderinnerungen aus Lunden. In: Dithmarschen. Neue Folgen 4/72, S. 78–91.

Otte, Friedrich Wilhelm (1981)
Bemerkungen über Angeln aus der Brieftasche zweener Freunde, bei einer Fußreise im Sommer 1791. Nachdruck, Kiel.

Paulsen, Friedrich (1910)
Aus meinem Leben. Jugenderinnerungen. Jena.

Peßler, Wilhelm (1913)
Hausgeographie der Wilster Marsch. Eine

ethnographische Untersuchung, im Auftrage des Altonaer Museums durchgeführt (= Forschungen zur deutschen Landes- und Volkskunde Bd. 20, H. 6). Stuttgart.

Peters (1825)
Beschreibung der Insel Föhr. In: Schleswig-Holstein-Lauenburgische Provinzialberichte 1825, S. 38–47.

Rathmann, Hans (1961)
Erinnerungen an alte Rauchhäuser und ihre Bewohner. In: Heimatkundliches Jahrbuch für den Kreis Rendsburg, S. 112–114.

Rave, Robert (1966)
Das Leben auf einem Bauernhof in der Kollmar-Marsch um die Jahrhundertwende, Moorhusen.

Redlefsen, Ellen (1955)
Angeliter Brauttruhen des 17. Jahrhunderts. In: Nordelbingen 23, S. 71–77.

Redlefsen, Ellen (1983)
Möbel in Schleswig-Holstein. Katalog der Möbelsammlung des Städtischen Museums Flensburg 2. Aufl., Heide.

Reventlow-Farve, Ernst/H. A. von Warnstedt (1847)
Festgabe für die Mitglieder der eilften Versammlung Deutscher Land- und Forstwirthe. Beiträge zur land- und forstwirthschaftlichen Statistik der Herzogthümer Schleswig und Holstein. Altona.

Richey, Michael (1975)
Idioticon Hamburgense oder Wörter-Buch zur Erklärung der eigenen, in und um Hamburg gebräuchlichen Nieder-Sächsischen Mundart. Nachdruck, Hamburg.

Riehl, Wilhelm, Heinrich (1855)
Die Familie. Stuttgart.

Röper, Gerhard (1984)
Die Innenraumgestaltung der ländlichen Profanarchitektur Schleswig-Holsteins vornehmlich des 18. Jahrhunderts, 3 Bde. Lüdinghausen.

Roth, Klaus (1983)
Zum Umgang des Menschen mit seiner Wohnumwelt. In: Konrad Köstlin und Hermann Bausinger (Hg.), Umgang mit Sachen. Zur Kulturgeschichte des Ding-

gebrauchs. 23. Deutscher Volkskunde-Kongreß in Regensburg 1981 (= Regensburger Schriften zur Volkskunde, Bd. 1). Regensburg.

Sauermann, Ernst (1906)
Führer durch das Kunstgewerbe-Museum der Stadt Flensburg. Flensburg.

Sauermann, Ernst (1911)
Alt-Schleswig-Holstein und die Freie und Hansestadt Lübeck. Heimische Bau- und Raumkunst aus fünf Jahrhunderten. Berlin.

Scheer, Christine (1995)
Die Barghäuser in der Wilstermarsch. In: Denkmal! Zeitschrift für Denkmalpflege in Schleswig-Holstein 2/95, S. 28–32.

Schier, Bruno (1934)
Das deutsche Haus. In: Adolf Spamer (Hg.), Die deutsche Volkskunde, Bd 1. Leipzig.

Schlee, Ernst (1942)
Streusand. In: Konrad Hahn (Hg.), Volkswerk. Jahrbuch des Staatlichen Museums für Deutsche Volkskunde. Jena, S. 75–103.

Schlee, Ernst (1958)
Über das Wohnen. In: Kunst in Schleswig-Holstein (= Jahrbuch des Schleswig-Holsteinischen Landesmuseums Schleswig/Schloß Gottorp), S. 9–25.

Schlee, Ernst (1960)
Zur Volkskunst der holsteinischen Elbmarschen. In: Steinburger Jahrbuch, S. 7–20.

Schlee, Ernst (1963)
Das Schleswig-Holsteinische Landesmuseum. Hamburg.

Schlee, Ernst (1964)
Schleswig-Holsteinische Volkskunst. Flensburg.

Schlee, Ernst (1971)
Das Wohnen in volkskundlicher und kulturhistorischer Sicht. In: Georg Spieß (Hg.), Wohnen. Realität und museale Präsentation. Braunschweig, S. 9–16.

Schlee, Ernst (1976)
Sitzordnung beim bäuerlichen Mahl. In: Kieler Blätter zur Volkskunde VIII, S. 5–19.

Schlee, Ernst (1978)
Die Volkskunst in Deutschland. Ausstrahlung, Vorlagen, Quellen. München.

Schlee, Ernst (1983)
Haus und Wohnung Nordfrieslands im Werk von Carl Ludwig Jessen. In: Konrad Grunsky-Peper, Klaus Lengsfeld, Ernst Schlee (Hg.), Gemaltes Nordfriesland. Husum, S. 69–161.

Schlichting, Frank (1985)
Haus und Wohnen in Schleswig-Holstein. Literarische Zeugnisse des 18. und 19. Jahrhunderts und die Frage ihres Realitätsgehalts (= Studien zur Volkskunde und Kulturgeschichte Schleswig-Holsteins, Bd. 15). Neumünster.

Schmidt, Johann Georg (1813)
Die Probstei Preetz. Ein Beitrag zur Vaterlandskunde. Kiel.

Schöpp, Alexander (1936)
Alte deutsche Bauernstuben. Berlin.

Schröder, Julius (1955)
Aus meinen Kindertagen. In: Jahrbuch der Heimatgemeinschaft Eckernförde 13, S. 104–115.

Schürmann, Thomas/Egbert Uekermann (1994)
Das verkleidete Fenster. Die Kulturgeschichte der Gardine 1800–2000, Cloppenburg.

Schütze, Johann Friedrich (1976)
Holsteinisches Idiotikon, ein Beitrag zur Volkssittengeschichte, 4 Bde. Nachdruck, Hamburg.

Schwindrazheim, Hildamarie (1966)
Führer durch die Bauernstuben des Altonaer Museums. Altona.

Sering, Max (1908)
Erbrecht und Agrarverfassung in Schleswig-Holstein auf geschichtlicher Grundlage. Berlin.

Sievers, Gudrun B. (1980)
Bauernstuben im Museum und historische Wirklichkeit. Ländliches Wohnen im Dithmarschen des 19. Jahrhunderts und seine Präsentation in kulturhistorischen Museen Norddeutschlands. München.

Sievers, Kai Detlev (1970)
Volkskultur und Aufklärung im Spiegel der Schleswig-Holsteinischen Provinzialberichte (= Quellen und Forschungen zur Geschichte Schleswig-Holsteins, Bd. 58). Neumünster.

Sievers, Kai Detlev (1980)
Schleswig-Holsteinische Bauernstuben. 3. Aufl., Heide.

Sievers, Kai Detlev (1988)
Wohnverhältnisse ländlicher Unterschichten in Schleswig-Holstein im Spiegel medizinalpolizeilicher Berichterstattung (1865–1894). In: Nils-Arvid Bringeus u.a. (Hg.), Wandel der Volkskultur in Europa. Festschrift für Günter Wiegelmann zum 60. Geburtstag. Münster, S. 585–600.

Stierling, Hubert (1925)
Die Wilstermarschstuben. In: Heimatbuch des Kreises Steinburg, II. Bd. Glückstadt, S. 205–224.

Stierling, Hubert (1925)
Drei Kellinghusener Zimmer im Kieler Thaulow-Museum. In: Heimatbuch des Kreises Steinburg. III. Bd. Glückstadt, S. 303–307.

Stoklund, Bjarne (1999)
Ästhetisierung des Ethnischen – Nationalisierung des Ästhetischen. Die Rolle der Bauernhäuser und Bauernstuben (1850–1914). In: Reinhard Hohler, Herbert Nikitsch, Bernhard Tschofen (Hg.), Ethnische Symbole und ästhetische Praxis in Europa. Wien, S. 11–30.

Storm, Hans Hermann (1986)
So war es damals. Das Leben auf dem Lande. Erinnerungen in Wort und Bild. Rendsburg.

Tetens, Johann Nicolaus (1788)
Reisen in die Marschländer an der Nordsee zur Beobachtung des Deichbaus (in Briefen). Leipzig.

Tränkle, Margret (1977)
Wohnung und Wohnen. Abriß über wohnsoziologische Fragestellungen. In: Rheinisches Jahrbuch für Volkskunde 22, S. 9–28.

Wörner, Martin (1999)
    Vergnügen und Belehrung. Volkskultur
    auf den Weltaustellungen 1851–1900,
    Münster.
Wolf, Gustav (1979)
    Haus und Hof deutscher Bauern. Schles-
    wig-Holstein. Neudruck, Hildesheim.

Zubek, Paul (1990)
    Öfen aus Gußeisen und Keramik. In:
    Volker Arnold, Thomas Westphalen und
    Paul Zubek, Kachelöfen in Schleswig-
    Holstein. Irdenware – Gußeisen – Fay-
    ence. Heide, S. 69–106.

Register

Geographische
Verbreitung der
ausgewählten Beispiele
bäuerlicher Stuben
in Schleswig-Holstein
(17.–19. Jahrhundert)

Vraaby

Gjenner

■ Apenrade

Alsen

Quars

Keitum
Morsum

Skovby

Klockries
Borsbüll

■ Flensburg

Langballigau

Nieblum
Borgsum

Schafflund

Schleswig

Süderholz

Hooge

Brook

Kosel

Nordstrand

■ Husum

■ Schleswig

Ostenfeld
Winnert

Teschendorf

Blieschen-
dorf

Tetenbüll
Tating

Schönberg

Brösum

Bendfeld

Lehe

■ Rendsburg

■ Kiel

■ Heide

Osterrade

Großharrie

Bunsoh

Schipphorsterfeld

Odderade

Todenbüttel
Hohenwestedt

Oersdorf

Holstein

Dingen

Vorbrügge

Kronprinzenkoog

Westerbüttel

■ Itzehoe

Kattrepel

Stördorf

Arentsee

Ellerhoop

Großwisch
Borsfleth

■ Glückstadt

Herzhorn

Borstel

Landweg

Steindamm

■ Hamburg